Huguette Fuchs-Helterlin

# Tableaux *au crochet*

Le Temps Apprivoisé
18, rue de Condé
75006 Paris

Photographies : Atelier du Moulin de Blandé

Conception graphique : cora.M, Cora Martineau - Laudonie - 24390 - Tourtoirac

Imprimé en Italie par Stamperia Artistica Nazionale - Torino
Dépôt légal : octobre 2002

ISBN : 2-283-58523-6

# Sommaire

# Introduction

*Un jour, un éléphant et un lapin en costume sont nés de mon crochet.*
*Une foule d'animaux et de personnages insolites sont venus les rejoindre*
*avec la vocation de décorer les chambres des petits comme celles des grands.*
*Ils sont rentrés dans mon univers, j'espère qu'ils sauront se frayer un passage dans le vôtre.*

## *Fournitures*

### Communes à tous les modèles

Tous les modèles sont réalisés en fil à crocheter DMC.
Les panneaux sont en n° 10 de BABYLO ou CÉBÉLIA.
Le reste est en n° 20 de BABYLO ou CÉBÉLIA.

### Fils

BABYLO

| | | |
|---|---|---|
| Blanc | Écru | Jaune 745 |
| Jaune vif 743 | Abricot 453 | Rouge 475 |
| Rose 460 | Bleu foncé 482 | Vert clair 508 |
| Brun foncé 779 | Noir 310 | |

CÉBÉLIA

| | | |
|---|---|---|
| Bleu clair 800 | Bleu violacé 211 | Brun clair 437 |
| Bordeau 816 | Vert foncé 992 | |

### Crochets métal

– 1,50 (pour fils n° 10)
– 1,00 (pour fils n° 20)

### Aiguille à tapisserie

### Rembourrage synthétique

### Carton

Soit épais, soit feuille cartonnée.

### Fil à scoubidou

### Baguette de bois

0,8 cm de diamètre et de longueur variable.

## *Points employés*

### Légendes

*maille en l'air* : ml –
*maille serrée* : ms ×
*maille coulée* : mc ∧
(pour les diminutions en début de rang ou pour fermer en rond)
*bride* : br ŧ
*double bride* : dbr ŧ
*triple bride* : tbr ŧ

*rang* : rg
*en début de rang*
1 ms = 2 ml ¦
1 br = 3 ml ¦
*augmentation dans le rang* : 2 br dans 1 br V
*diminution dans le rang* : 1 br à partir de 2 A

### Explication des points

#### *Maille en l'air*

Pour commencer le travail, il faut faire 1 boucle avec le fil, prendre le crochet, attraper le fil du milieu et serrer. La chaînette de ml se monte ainsi : faire 1 jeté (c'est-à-dire poser le fil sur le crochet), passer ce jeté par la m qui se trouve sur le crochet. Répéter l'opération jusqu'à ce qu'on ait le nombre de m nécessaire. Cela est la base de tout travail au crochet.

#### *Maille serrée*

Piquer dans 1 m du rg précédent, attraper le fil et le passer à travers la m. Attraper à nouveau le fil et le passer à travers les 2 boucles qui se trouvent sur le crochet.

#### *Maille coulée*

Piquer le crochet dans 1 m du rg précédent, faire 1 jeté, ramener 1 boucle que l'on passe à travers celle qui est déjà sur le crochet.

### *Bride*
Faire 1 jeté, piquer le crochet dans 1 m du rg précédent, prendre le fil (= 3 boucles sur le crochet), passer le fil à travers 2 des boucles, faire 1 jeté et passer à travers les 2 boucles restantes.

### *Double bride*
Même procédé que pour la br, mais avec 2 jetés sur le crochet au départ. Il y a donc 1 opération en plus.

### *Triple bride*
Avec 3 jetés au départ et 2 opérations en plus.

### *Augmentation dans le rang*
Faire 2 br dans la même m du rg précédent.

### *Diminution dans le rang*
Commencer 1 br, ne la faire qu'à moitié. Faire une 2e br et passer le fil à travers toutes les boucles à la fois.

### *Augmentation en début de rang*
Au rang précédent, ajouter autant de ml que l'on veut de m supplémentaires.

### *Augmentation en fin de rang*
Si on travaille en br, faire 1 dbr et piquer dans le bas de la br précédente, et ainsi de suite.

### *Point filet*
Faire la 1re br dans la 8e ml, puis suivre le schéma (2 ml + 1 br).
Finir le travail en faisant un rang de ms tout autour du panneau obtenu (3 ms par intervalle).

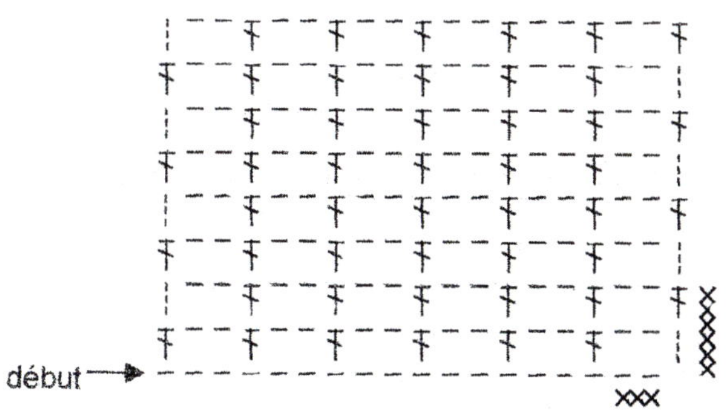


Échantillon : 5 x 5 cm = 6 carreaux sur 8 rangs.
Attention : les + 3 ml de la chaînette forment la 1re br du 1er rang.

## *Conseils pratiques*

### Rembourrage des pièces
Pour les grandes pièces, assembler sur l'envers avec une aiguille à tapisserie (les coins seront atténués), retourner, rembourrer et fermer. Pour les petites pièces, les assembler sur l'endroit et prendre l'arrière du crochet pour bien enfoncer le rembourrage ; si la pièce est vraiment très petite, assembler au fur et à mesure du rembourrage.

### Repassage
Pour une meilleure tenue des différentes pièces plates, les amidonner légèrement, surtout le fond (grand panneau).

### Montage de la baguette en bois
Afin que la cordelette tienne, faire 1 petit trou dans la baguette, à 1,5 cm de chaque bord. Passer la cordelette dans le 1er trou et fixer à la baguette le panneau crocheté en enroulant la cordelette en spirale autour du bois et en passant dans les carreaux du panneau. Passer le 2e bout de la cordelette dans le 2e trou, nouer et couper le fil. Glisser la cordelette en ms dans le 5e carreau de chaque côté et nouer.

### Taille du travail
Si la taille du travail diffère de celle indiquée, changer de crochet (plus grand si le travail est trop petit, plus petit si le travail est trop grand).

### Fil à scoubidou
Pour coudre un fil à scoubidou, passer un fil en coton dans le fil plastique, laisser dépasser des 2 côtés et coudre à l'endroit choisi.

### Divers
S'il n'y a pas de précisions, les augmentations ou les diminutions sont identiques des 2 côtés.
Quand on travaille en rond, les augmentations sont :
- soit 2 m dans 1 pour tout le rg,
- soit 1 m + 2 m en 1.

### Remarque
Comme il n'y a pas de matériau dangereux qui puisse blesser un enfant, certaines parties n'ont pas la rigidité qu'elles devraient avoir (fil à scoubidou).

**Facultatif**
On peut faire une étiquette avec le nom du personnage (les enfants aiment pouvoir donner un nom à leur ami) en crochetant 5 à 7 rgs de br, selon la taille du nom. Compter 2 br par lettre + 1 br entre 2 lettres. Ajouter 5 br au début et à la fin. Les lettres se font sur 2 rgs. Pour le contour et l'attache, faire 15 ml + 1 rg de ms autour de l'étiquette + 15 ml. Nouer à la cordelette en ms.

Ré Mi
FON - TAI
Ré Do Mi Sol Mi Sol
VÉ L'EAU SI BEL - LE QUE
Mi Ré Do Do Mi Mi Ré Do
IL Y'A LONG - TEMPS QUE JE

# L'éléphant musicien

*« Oui, je suis assis dans un fauteuil à bascule*
*et je joue de l'accordéon,*
*oui, mais MOI, je suis un éléphant jaune ! »*

Taille du tableau : 28 x 35 cm

## Fournitures

- Fil à crocheter :
  n° 10 : noir
  n° 20 : jaune vif, jaune, blanc, bleu foncé, rouge, vert clair, noir, rose, bleu clair
- Feuille cartonnée noire
- 1 baguette en bois de 32 cm de long
- Fil à scoubidou : 40 cm
- Carton rouge : 30 x 20 cm
- Carton : 2 morceaux de 5 x 8 cm

## Réalisation

Fond (en point filet) :
Monter 1 chaînette de 99 ml + 7 avec le fil noir.
Crocheter 50 rgs de 34 carreaux.
Voir les explications des points p. 4.

### Fauteuil à bascule

*Montage de la structure*

Le fauteuil est en carton rouge. Pour le dossier : 12 x 11 cm arrondi à 2 angles ; pour l'assise : 8 x 11 cm arrondi à 2 angles ; pour les pieds : 4 fois 1 x 4 cm.
Fil à scoubidou : pour l'accoudoir : 2 x 8 cm ; pour la partie courbe (pieds) : 2 x 12 cm par côté.

*Au crochet*

– Dossier : faire 1 chaînette de 45 ml + 3, puis crocheter 16 rgs de 46 br, 8 rgs avec 1 diminution de chaque côté. Faire 2 fois.
Mettre le carton entre les 2 et fermer.
– Assise : monter 43 ml + 3, crocheter 8 rgs de 44 br, 8 rgs avec 1 diminution de chaque côté.
En faire également 2, glisser le carton entre les 2 et fermer.
– Pieds : monter 9 ml + 3 et faire 10 rgs de 10 br. En faire 4.
Mettre le carton et fermer.
– Accoudoir : faire 4 ml + 3 et 15 rgs de 5 br par accoudoir.
Mettre le fil à scoubidou dessus et fermer.
Pour la partie courbe : monter 11 ml + 3 et crocheter 22 rgs de 12 br.
Poser le fil à scoubidou dessus et fermer.

*Assemblage du fauteuil*

Réunir le dossier et l'assise en les cousant fermement.
Fixer les accoudoirs au dossier et à l'assise (voir photo).
Coudre les 4 pieds et fixer les parties courbes en laissant dépasser 1 cm à chaque bout.

### Éléphant

L'éléphant est en jaune vif.

*Tête*

Monter 1 chaînette de 15 ml + 3, puis crocheter 1 rg de 16 br, 1 rg de 20 br, 1 rg de 24 br, 14 rgs de 28 br, 1 rg de 26 br, 1 rg de 24 br, 1 rg de 22 br, 2 rgs de 20 br. Faire 2 parties identiques, assembler, rembourrer et fermer.

OUF ! ENFIN LA PAUSE SANDWICH
NICE 1Km

# Le crocodile affamé

*« Après l'effort, la récompense !*
*se dit le crocodile en haut-de-forme en arrivant enfin à Nice.*
*Vite, mon sandwich ! »*

Taille du tableau : 32 x 35 cm

## Fournitures

– Fil à crocheter :
 n° 10 : jaune, vert foncé, bleu clair
 n° 20 : noir, rouge, blanc, jaune vif, bleu foncé, bleu clair, brun clair, brun foncé, jaune, écru, vert foncé, rose
– Fil à scoubidou : 130 cm
– Carton : 100 x 35 cm
– Un peu de papier cellophane
– 1 baguette en bois de 36 cm de long

## Réalisation

Fond (en point filet) :
Monter 1 chaînette de 114 ml + 7 avec le fil vert foncé.
Crocheter 6 rgs de 40 carreaux en vert foncé, 12 rgs de 40 carreaux en jaune, 12 rgs de 40 carreaux en vert foncé, 24 rgs de 40 carreaux en bleu clair.

### Crocodile

Le crocodile est en rouge.

*Tête*

Faire 1 chaînette de 11 ml + 3, puis suivre le schéma. Attention, au niveau de la gueule (6e rg), il y a 1 ms + 20 ml. Faire 2 fois cette réalisation.
Pour donner du volume à la tête, monter 5 ml + 3 et crocheter 42 rgs de 6 br.
Coudre cette bande entre les 2 parties de la tête.
Pour l'intérieur de la gueule, crocheter 1 bande blanche de 21 rgs de 5 br, qui sera cousue au rouge.
Rembourrer et fermer.
Faire attention de bien lui ouvrir la gueule, éventuellement bloquer les mâchoires en faisant 2 ou 3 points sur les côtés.

*Corps*

En rouge, monter 23 ml + 3, puis crocheter 8 rgs de 24 br, 7 rgs de 26 br, 1 rg de 24 br, 3 rgs de 22 br, 3 rgs de 20 br. Faire 2 parties identiques, assembler, rembourrer et fermer. Attention, commencer toujours les parties du corps par le côté qui sera cousu au reste.

*Pattes avant*

Monter 11 ml + 3, puis faire 3 rgs de 12 br (diminuer d'un seul côté), 3 rgs de 11 br, 1 rg de 10 br, 1 rg de 9 br, 3 rgs de 8 br, 1 rg de 7 br, 1 rg de 6 br.
Faire 4 parties identiques, les assembler 2 par 2, rembourrer et fermer.

*Pattes arrière*

Droite : monter 11 ml + 3, puis suivre le schéma p. 14. Faire 2 fois, assembler, rembourrer et fermer.
Gauche : elle est un peu pliée. Faire 9 ml + 3, puis suivre le schéma. Crocheter 2 fois cela, assembler, rembourrer et fermer.

*Queue*

Faire 1 chaînette de 8 ml + 3, puis suivre le schéma p. 14. Crocheter 2 fois cela, assembler, rembourrer et fermer.

### *Langue*
En rose, faire 10 rgs de 4 br.
Coudre la langue dans la gueule du crocodile.

### *Yeux*
Monter 4 ml et fermer en rond avec 1 mc. Dans le rond, crocheter 1 rg de 8 ms et broder 1 gros point noir au milieu.

## Assemblage du crocodile
Coudre la tête au corps. Fixer les 4 pattes en veillant à bien positionner la patte arrière gauche. Attacher la queue au bas du corps. Finir la tête en mettant les yeux en place. Broder des petites dents blanches tout autour des mâchoires ainsi que des gouttes de sueur sur le front et la joue (en blanc). Faire 2 narines noires.

## Habits
Le crocodile est vêtu d'un short jaune, d'un pull bleu foncé et d'une cravate jaune. Il a un chapeau haut de forme.

### *Pull*
En bleu foncé, monter 1 chaînette de 29 ml + 3, puis suivre le schéma p. 15. Attention, travailler en 2 fois au niveau des emmanchures. Faire 2 côtés identiques. Pour les manches, faire 5 rgs de 25 br et les coudre autour de l'emmanchure après avoir assemblé le pull sur les côtés.

### *Cravate*
En jaune vif, crocheter 30 rgs de 4 br.

### *Short*
En jaune vif, monter 29 ml + 3, puis suivre le schéma p. 15. Travailler les jambes du short en 2 fois. Faire 2 parties identiques. Assembler en laissant une ouverture pour la queue.

### *Ceinture*
En noir, faire 1 rg de 35 br. Faire quelques passants en fil jaune autour de la taille du short et y glisser la ceinture.

### *Chaussures*
En noir, monter 11 ml + 3, puis faire 4 rgs de 22 br. Plier en 2 dans le sens de la longueur.

### *Chapeau haut de forme*
Le chapeau est en noir.
Découper dans le carton 1 rond de 3 cm de diamètre, 1 rond de 2,5 cm de diamètre, 1 rectangle de 8 x 2,5 cm.
Avec le crochet :
Pour le petit rond, monter 5 ml et fermer en rond avec 1 mc. Dans le rond, crocheter 1 rg de 13 br, 1 rg de 26 br, 1 rg de 39 br.
Pour le grand rond, faire la même chose mais avec 3 rgs de 39 br.
Pour le rectangle, faire 5 rgs de 36 br.
Assemblage du chapeau en carton :
Fixer avec du ruban adhésif le rectangle autour du petit rond, fermer le côté, rembourrer et fixer sur le grand rond.
Coudre le petit rond crocheté au rectangle crocheté, fermer ce dernier, glisser le chapeau en carton à l'intérieur et mettre le grand rond crocheté dessus en repliant la partie en trop vers le haut pour tout couvrir.

## Habillage du crocodile
Lui enfiler le short et fermer la ceinture. Mettre le pull et nouer la cravate au cou.
Coudre les chaussures aux pieds et le haut-de-forme sur la tête.

## Bicyclette
C'est une bicyclette spéciale, adaptée à la morphologie du crocodile.

### *Roue arrière*
Découper dans le carton 1 rectangle de 18 x 0,6 cm. Fixer 1 fil à scoubidou de 18 cm sur celui-ci (pour bien arrondir la roue) et fermer en rond en fixant avec du ruban adhésif. Faire au crochet 45 rgs de 6 br en noir + 4 br en blanc. Mettre autour du carton, le blanc à l'intérieur.
Petit rond : découper dans le carton un rond de 2 cm de diamètre et faire 1 petit trou au milieu.
Au crochet, en blanc, monter 5 ml et fermer en rond. Dans le rond, crocheter 1 rg de 10 br, 1 rg de 20 br. Faire 2 ronds, poser le carton entre les 2 et fermer.

Montage de la roue arrière : fixer le petit rond au milieu de la roue en faisant des rayons avec du fil blanc.

Faire 1 tout petit rond noir (4 ml, fermer en rond et 1 rg de 8 br dans le rond) qui sera posé sur le rond blanc et qui servira à tenir la chaîne lors du montage final.

### *Roue avant*
Procéder de la même façon, mais avec un carton de 23 x 0,6 cm et 23 cm de fil à scoubidou.
Crochet : faire 58 rgs de 6 br en noir + 4 en blanc.
Le petit rond blanc est identique à celui de la roue arrière.

### *Garde-boue*
Ils sont en noir. Pour la roue arrière : carton de 8,5 x 1 cm ; fil à scoubidou de 8,5 cm.
Procéder comme pour la roue mais ne pas fermer.
Faire au crochet 11 ml + 3, puis 22 rgs de 12 br.
Entourer le carton et fermer.
Pour la roue avant : carton de 11 x 1 cm ; fil à scoubidou de 11 cm ; au crochet faire 28 rgs de 12 br.

### *Porte-bagages*
Il est en blanc.
Carton : 5 x 1,2 cm.
Au crochet : monter 19 ml + 3, puis faire 6 rgs de 20 br.
Poser le carton sur la partie crochetée et assembler.

### *Selle*
Elle est en noir.
Dans un carton de 2 x 3 cm, couper les côtés en biais pour arriver à 1 cm au bout du rang.
Faire au crochet 9 ml + 3, puis 1 rg de 10 br, 4 rgs de 12 br, 1 rg de 8 br. Faire cela 2 fois, mettre un peu de rembourrage sur le carton et assembler le tout.

### *Pédales*
Découper dans un carton 1 rectangle de 3 x 1,5 cm.
Au crochet, en blanc, faire 5 rgs de 14 br.
Plier en 2, glisser 1 carton au milieu et fermer. Faire la même chose pour la 2e pédale.

### *Roue du pédalier*
Faire comme pour le petit rond blanc des roues.
En crocheter 2.

### *Guidon*
10 cm de fil à scoubidou.
Faire au crochet 25 rgs de 5 br en blanc et entourer le fil avec cette bande.
Coudre 2 petits bouts de fil à scoubidou noir au guidon pour faire les freins et broder 1 sonnette noire.

### *Petit bidon d'eau*
Carton : 1 rectangle de 3,5 x 2,5 cm.
Fermer en cylindre, rembourrer et scotcher (également en haut et en bas).
Au crochet :
En bleu clair, monter 19 ml + 3, puis faire 6 rgs de 20 br. En blanc, 2 rgs de 20 br, 1 rg de 10 br.

### *Lumières*
Avant : en blanc, 3 rgs de 4 br ; en noir, 1 rg de 4 br, 3 rgs de 8 br. Fermer le noir sur 3 côtés, rembourrer et coudre le blanc sur l'avant.
Arrière : en rouge, crocheter 2 rgs de 3 br.

### *Autres pièces pour assembler la bicyclette*
Fil à scoubidou : 1 fil de 18 cm pour relier la roue arrière à la selle (a), 1 fil de 6 cm pour le pédalier (b), 1 fil de 18 cm pour la barre qui relie le pédalier à la roue avant et à la roue arrière (c), 1 fil de 17 cm pour relier la roue avant au guidon (d).
Ne pas assembler la bicyclette, mais la coudre sur le fond pièce par pièce.

## Accessoires

### *Sandwich*
Pain : en brun clair, monter 27 ml + 3, puis faire 6 rgs de 28 br. Faire la même chose en écru.
Assembler sur 3 côtés, rembourrer, fermer et plier en 2.

**Garniture :**
Jambon : en rose, faire 12 rgs de 4 br.
Salade : en vert foncé, crocheter 2 rgs de 5 br.
Faire ainsi 3 feuilles de salade.
Tomate : en rouge, faire 2 rgs de 2 br (4 fois).
Fromage : en écru, faire 2 rgs de 4 br (3 fois) .
Répartir la garniture sur la partie inférieure du sandwich, coudre et fermer le tout en mettant quelques points de chaque côté. Glisser le sandwich dans 1 sachet en papier cellophane.

### *Bulle*
En jaune, monter 29 ml + 3, puis faire 7 rgs de 30 br.
Ajouter 1 chaînette de 40 ml.

En vert foncé, broder : OUF ! ENFIN LA PAUSE SANDWICH. Chaque lettre sur 2 rgs et 2 br.

### *Panneau*

Dans le carton, découper 1 rectangle de 3 x 1,5 cm, 1 rectangle de 8 x 1,5 cm en pointe à l'une des extrémités. Assembler en fixant avec du ruban adhésif. Au crochet, en brun foncé, monter 1 chaînette de 29 ml + 3, puis 1 rg de 30 br, 2 rgs de 34 br, 1 rg de 30 br. Et pour le pied, 6 rgs de 14 br. Poser le carton dessus et fermer. Broder en blanc : NICE 1 KM.

### *Soleil*

En jaune, faire 5 ml et fermer en rond avec 1 mc. Dans le rond, crocheter 1 rg de 12 br, 1 rg de 24 br, 1 rg de 36 br.

### *Cordelettes*

En bleu clair : 130 cm de ml.
En rouge : 90 cm de ml + 1 rg de ms.

## Finitions

Repasser et amidonner légèrement le fond et les parties plates.

## Montage de la bicyclette

Fixer provisoirement la roue arrière à 5 br du bord et au 1er rg du jaune (fond). Fixer le garde-boue au-dessus de la roue. Coudre le porte-bagage et la lumière arrière au garde-boue. Fixer provisoirement la roue avant à 10 cm de la roue arrière, mettre le garde-boue et la lumière avant.
Coudre la selle au bord supérieur du fond jaune, à 5 cm de la roue avant.
Fixer la roue arrière à la selle. Poser le petit rond noir sur le rond blanc, passer le fil à scoubidou (a) à travers les trous et coudre les 2 bouts à la selle.
Monter le pédalier : coudre la 1re pédale au fil à scoubidou (b), passer le fil à travers les trous des 2 ronds blancs et coudre la 2e pédale.

*Tête*

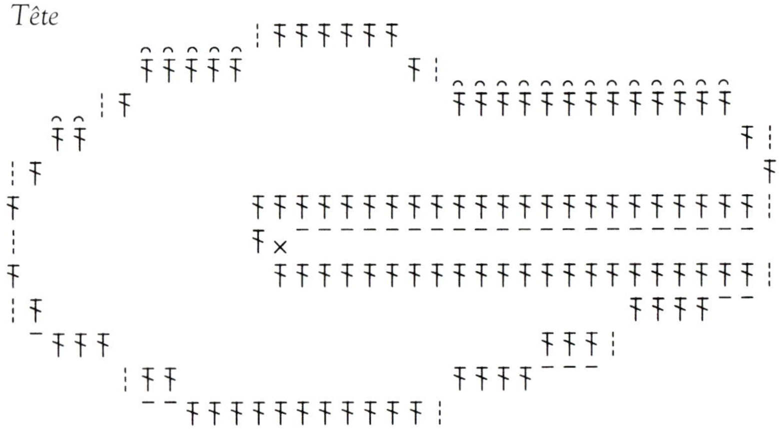

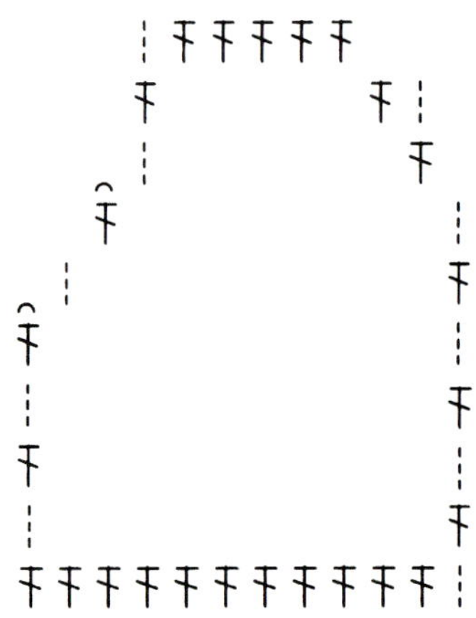

*Patte arrière droite*

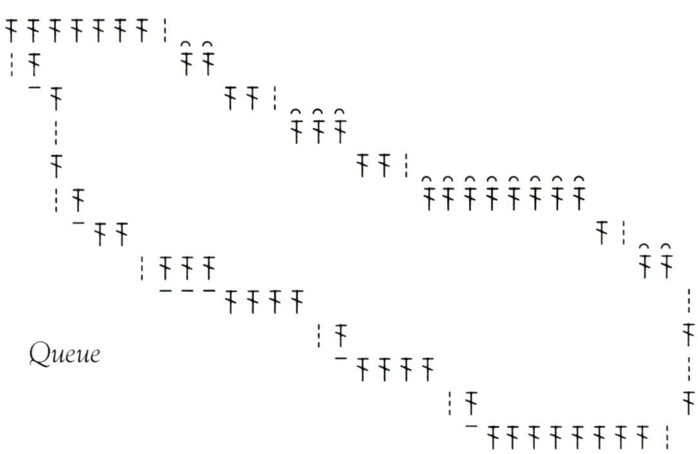

*Queue*

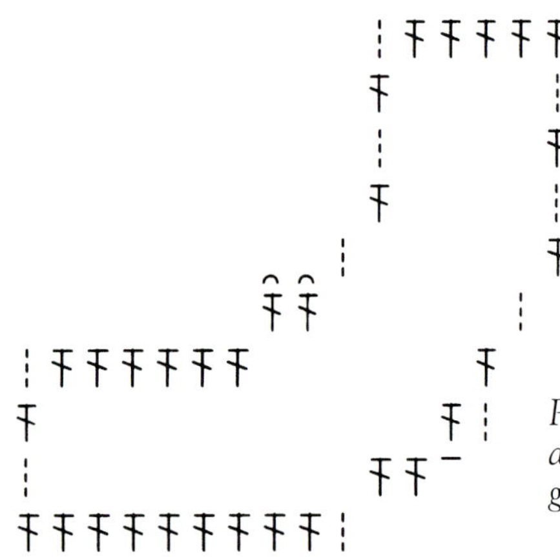

*Patte arrière gauche*

Fixer la roue avant au guidon : glisser le fil (d) dans le trou du rond blanc et coudre les 2 bouts au milieu du guidon.

Relier les 2 roues en fixant le fil (c) au fil (a) à environ 2 cm de la selle en passant entre les ronds blancs du pédalier, et au fil (d) à 2 cm du guidon. Fixer le bidon d'eau sous le guidon.

Relier la roue arrière au garde-boue par 2 chaînettes de 6 cm de ml noires cousues au garde-boue et au fil (a). Procéder de la même façon pour la roue avant (chaînettes de 8 cm).
Détacher la fixation provisoire des roues : elles ne sont pas cousues, elles ne tiennent qu'au fil à scoubidou, afin de pouvoir tourner.

Chaîne de la bicyclette : en noir, crocheter 15 cm de ml qui seront passées entre le rond blanc et le rond noir de la roue arrière et les 2 ronds blancs du pédalier. Fermer la chaîne.

Asseoir le crocodile sur sa bicyclette et l'accrocher solidement, positionner les pédales et les lui coudre sous les chaussures. Mettre les pattes avant sur le guidon et les fixer. Attacher le sandwich sur le porte-bagage.
Coudre la bulle : la chaînette en face de la bouche du crocodile.
Fixer le panneau de signalisation et le soleil.
Fixer la baguette en bois avec la cordelette bleu clair, et mettre la cordelette rouge.

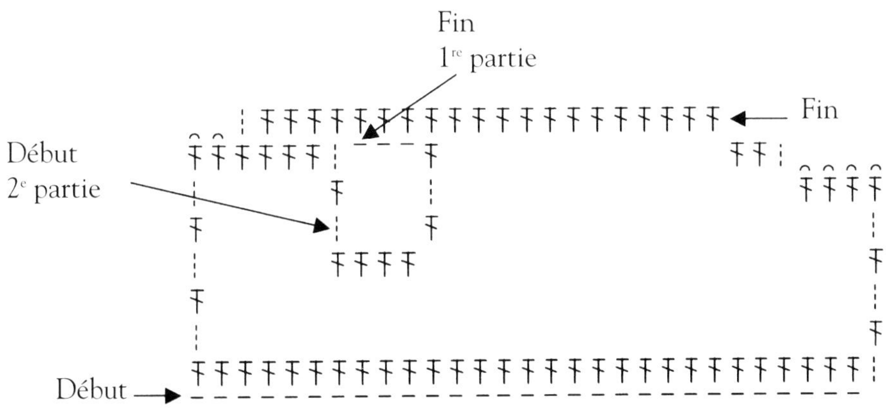


*Pull*

*Short*

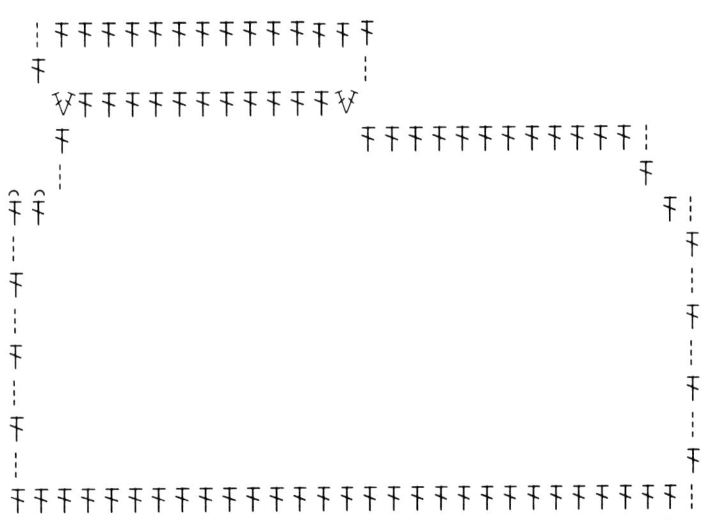

LAIT

# La vache maladroite

*Elle rigole bien, la vache verte !*
*Pourtant elle vient de faire une bêtise*
*en renversant le seau de lait et le tabouret !*

Taille du tableau : 37 x 35 cm

## *Fournitures*

- Fil à crocheter :
  n° 10 : rouge, bleu clair
  n° 20 : rouge, abricot, vert clair, blanc, jaune, bleu foncé, rose
- 1 baguette en bois de 41 cm de long
- Fil à scoubidou : 17 cm
- Carton : 2,5 x 2,5 cm

## *Réalisation*

Fond (en point filet) :
Monter 1 chaînette de 132 ml + 7 avec le fil rouge.
Crocheter 28 rgs de 45 carreaux en rouge et 28 rgs en bleu.

### Vache

La vache est en vert clair avec des taches abricot.

#### *Corps et tête*

Faire 1 chaînette de 37 ml + 3, puis suivre le schéma p. 19. Crocheter 2 parties identiques, mais pour la partie avant, travailler par endroits avec 1 fil vert et 1 fil abricot (croiser les fils en passant d'une couleur à l'autre) afin de faire des taches (taille et forme selon votre fantaisie).
Crocheter également 1 bande centrale de 229 ml + 3 et faire 4 rgs de 230 br.
Cette bande centrale sert à donner du volume à la vache.
Coudre la bande centrale aux 2 parties du corps, rembourrer et fermer.

#### *Bouche*

Elle est en abricot et est composée d'une mâchoire supérieure, d'une mâchoire inférieure (abricot et vert) et d'une langue.
Attention, la bouche est en ms.

– Mâchoire supérieure (mâchoire + 2 côtés).
Mâchoire : monter 14 ml + 2 et crocheter 38 rgs de 15 ms.
Côtés : faire 9 ml + 2, puis 1 rg de 10 ms, 1 rg de 11 ms, 1 rg de 12 ms, 1 rg de 13 ms, les augmentations étant toujours du même côté. Faire cela 2 fois.

– Mâchoire inférieure :
En abricot : monter 14 ml + 2 et crocheter 20 rgs de 15 ms, 1 rg de 13 ms, 1 rg de 11 ms, 1 rg de 9 ms.
Faire la même chose en vert.
– Langue : en rouge, monter 13 ml + 2, puis 4 rgs de 14 ms, 1 rg de 12 ms, 1 rg de 10 ms, 1 rg de 6 ms.

#### *Assemblage de la bouche*

Plier la mâchoire supérieure en 2, y coudre les côtés, rembourrer et fermer. Broder 2 narines noires.
Assembler la mâchoire inférieure en mettant l'abricot sur le vert, rembourrer et fermer.
Coudre la langue sur la mâchoire inférieure et fixer le tout à la mâchoire supérieure en prenant soin de laisser la bouche bien ouverte (ne fixer que derrière et faire 2 ou 3 points de côté).

*Tête et corps (assemblage)*

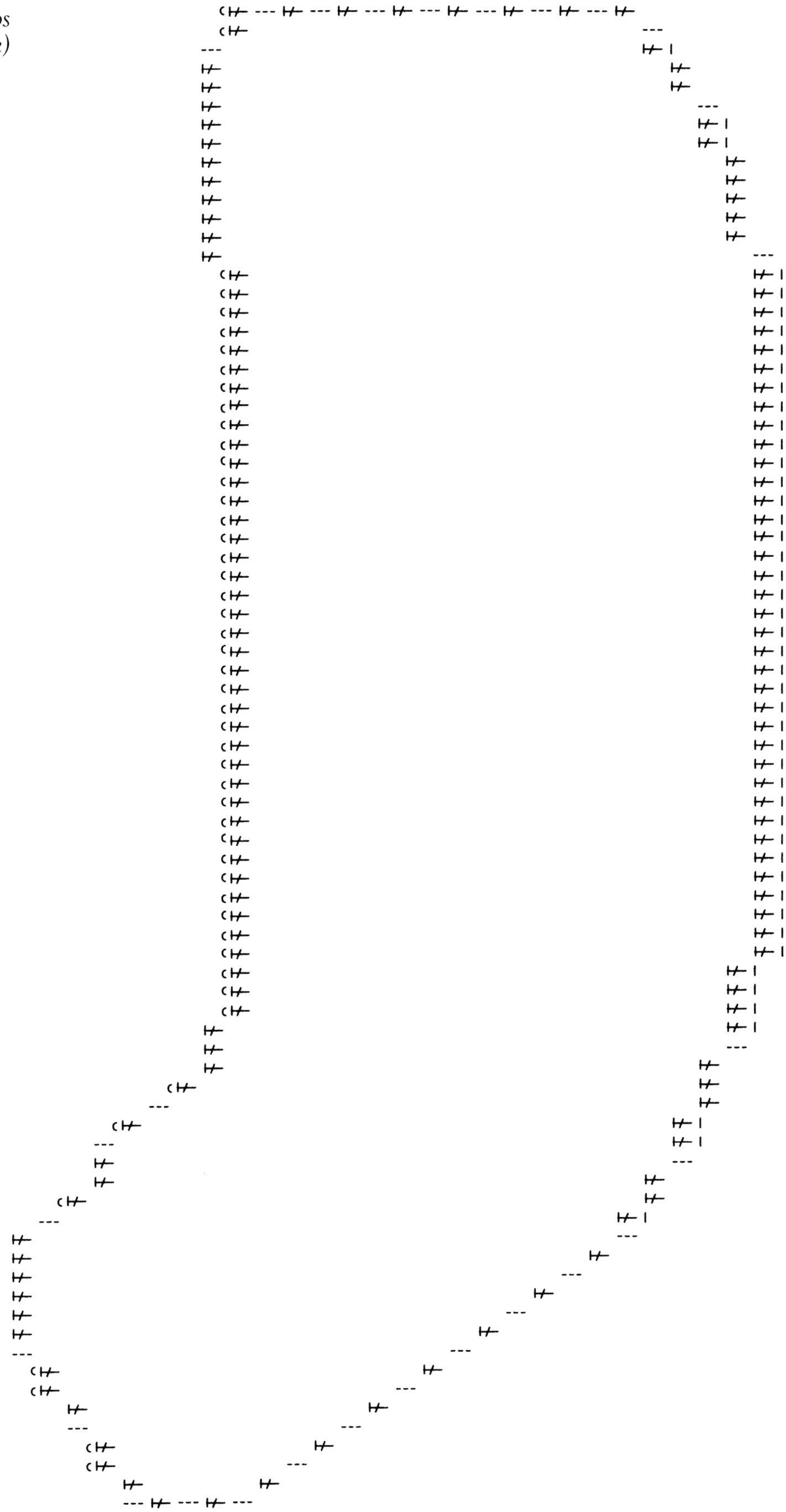

*Lait*

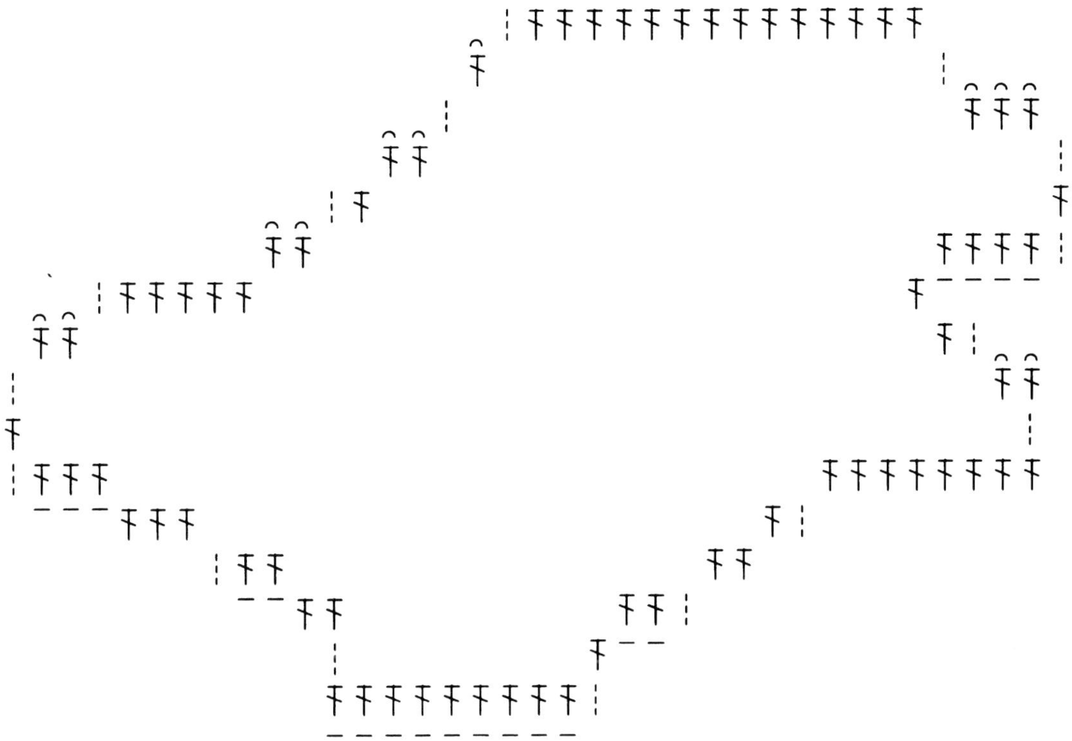

*Patte arrière*

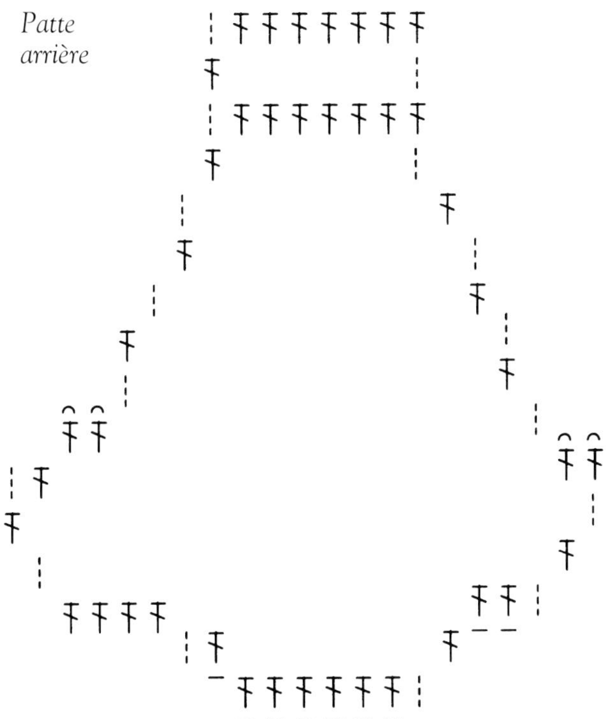

*Patte avant*

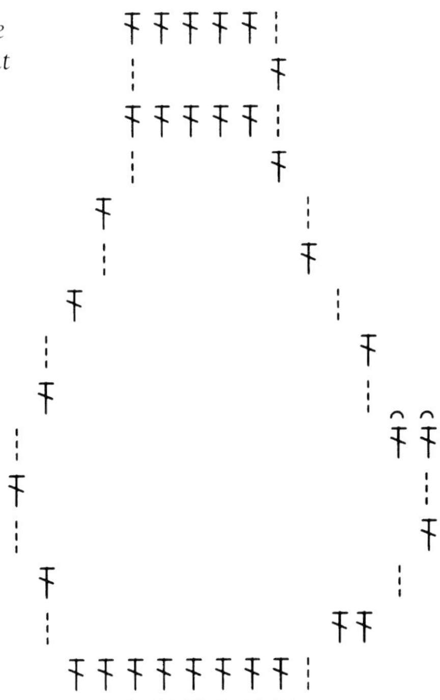

# La girafe bien lavée

*« Quel travail ! », soupire le petit soigneur. Grimper sur une échelle pour brosser les dents de bébé girafe n'est pas de tout repos !*

Taille du tableau : 39 x 35 cm

## Fournitures

- Fil à crocheter :
  n° 10 : bleu foncé
  n° 20 : rouge, abricot, bleu foncé, blanc, vert foncé, vert clair, jaune, noir
- 1 baguette en bois de 43 cm de long
- Carton : 42 x 4 cm
- Fil à scoubidou : 56 cm et 20 cm en noir

## Réalisation

Fond (en point filet) :
Monter 1 chaînette de 135 ml + 7 avec le fil bleu foncé.
Crocheter 50 rgs de 46 carreaux.

### Soigneur

Le soigneur est en noir.

*Tête et cou*
Monter 6 ml + 3, puis 2 rgs de 7 br, 1 rg de 11 br, 3 rgs de 13 br, 1 rg de 11 br, 2 rgs de 9 br.
Faire 2 fois cela et assembler.

*Corps*
Faire 1 chaînette de 19 ml + 3 et 12 rgs de 20 br.
Crocheter ainsi 2 parties identiques, assembler et rembourrer.
Attention : commencer toujours les parties du corps par le côté qui sera cousu au reste.

*Bras*
Monter 1 chaînette de 14 ml + 3, puis crocheter 4 rgs de 15 br, 1 rg de 13 br, 2 rgs de 11 br, 1 rg de 9 br, 2 rgs de 7 br.
Crocheter 2 parties identiques, assembler, rembourrer et fermer. Faire un 2e bras.

*Jambes*
Monter 8 ml + 3, puis suivre le schéma p. 29. Faire 2 fois par jambe, assembler en marquant bien le pied, rembourrer et fermer.

*Oreilles*
Monter 4 ml + 3, puis crocheter 1 rg de 5 br, 1 rg de 1 ms + 1br + 1 ms.
Faire la seconde oreille de façon identique.

*Pantalon*
Le pantalon est en jaune. Faire 1 chaînette de 21 ml + 3, puis crocheter 5 rgs de 22 br.
À partir du 6e rg, travailler les jambes séparément en faisant 6 rgs de 11 br pour chacune.
Faire une seconde partie identique.

*T-shirt*
En vert clair.
Faire 1 chaînette de 24 ml + 3, puis crocheter 7 rgs de 25 br. Faire une 2e partie identique.

### *Chaussures*
En blanc, monter 12 ml + 3, puis faire 1 rg de 13 br, 1 rg de 9 br (2 fois par chaussure).

### *Casquette*
La casquette est en vert clair avec une visière jaune.
Pour la casquette : monter 5 ml, fermer en rond avec 1 mc, puis crocheter dans le rond : 1 rg de 15 br, 2 rgs de 30 br.

Pour la visière : découper 1 petit morceau de carton de 2 cm sur 1 cm et arrondir 2 des angles sur la partie longue.
Au crochet, faire 6 ml + 3, puis 1 rg de 7 br, 1 rg de 1 mc + 1 ms + 3 br + 1ms.
Crocheter 2 fois cela, poser le carton dessus et fermer.
Coudre la visière à la casquette.

## Assemblage du soigneur
Coudre la tête au corps. Mettre les oreilles en place.
Coudre les bras (voir la photo pour la position).
Les jambes seront cousues de façon que les pieds puissent être posés sur les barreaux de l'échelle, c'est-à-dire la pointe vers l'avant. Pour les cheveux, faire de longues boucles noires en piquant avec une aiguille et du fil noir dans la partie crochetée et en nouant à chaque fois.
Broder les yeux en blanc avec 1 point noir au milieu.
Pour la bouche, broder 2 traits en rouge avec un peu de blanc entre les 2. Habiller le soigneur et lui coudre ses chaussures aux pieds.

## Échelle double
Elle est en carton et en fil à scoubidou.
1 – Carton : découper 4 rectangles de 16 x 1 cm.
2 – Fil à scoubidou : couper 8 fois 3 cm et 4 fois 5 cm (dont 2 en noir).
3 – Crochet : en vert foncé.
Pour les grandes bandes, monter 11 ml + 3, puis faire 32 rgs de 12 br. Crocheter ainsi 4 bandes.
Pour la bande moyenne, faire 7 ml + 3, puis 10 rgs de 8 br.
Pour les petites bandes, 5 ml + 3, puis 7 rgs de 6 br. Faire 8 fois.

## Assemblage de l'échelle double
Prendre 1 grande bande, poser un carton dessus et fermer. Procéder de la même façon pour les 3 autres.
Sur la bande moyenne, mettre 2 fils à scoubidou de 5 cm et fermer.
Sur les petites bandes, poser 1 seul fil à scoubidou.
Monter l'échelle double :
Prendre 1 grande bande, y fixer les 4 petites bandes à 3 cm d'intervalle. Fixer une 2e grande bande à l'autre bout en respectant les écarts.
Faire la même chose pour la seconde échelle. Réunir les 2 échelles avec la bande restante (en haut).
Coudre les 2 bouts de fil à scoubidou noir sur les côtés de l'échelle, à 1,5 cm du bas pour la maintenir ouverte.

## Girafe
La petite girafe est en rouge.

### *Tête*
(Commencer par le haut.)
Monter 7 ml + 3, puis suivre le schéma p. 29.
Pour les lèvres : crocheter en rose 29 ml + 3 et 1 rg de 30 br.
Pour les dents : en blanc, 27 ml + 3 et 1 rg de 28 br.
Fixer le rose sur le rouge et le blanc sous le rose.

### *Corps*
Crocheter une chaînette de 49 ml + 3, puis suivre le schéma p. 27.

### *Pattes avant et arrière*
Monter 4 ml + 3, puis suivre le schéma p. 29.
Sabots : crocheter 2 rgs de 5 br au bout des pattes.
Faire 4 pattes identiques.

### *Queue*
Monter 4 ml + 3 et faire 1 rg de 5 br, 8 rgs de 6 br, 2 rgs de 5 br, 3 rgs de 4 br.
Fermer, sauf le 1er rg.
Faire un petit panache abricot (comme pour les cheveux du soigneur).

### *Oreilles*
Faire 5 ml + 3, puis : 2 rgs de 6 br, 1 rg de 4 br, 2 rgs de 2 br.
Faire 2 fois cela.

### *Cornes*
En rouge, faire 4 ml + 3 et crocheter 3 rgs de 5 br. Fermer et plier en 2.

### *Œil*
En blanc, faire 4 ml + 3, puis 2 rgs de 5 br, 1 rg de ms en noir autour du blanc. Broder 1 iris brun clair avec 1 point noir au milieu.

## Assemblage de la girafe
Coudre la tête sur le haut du cou. Mettre les oreilles et les cornes. Fixer l'œil et broder des cils noirs. Faire 1 petit nez noir. Attacher la queue. Coudre les pattes de part et d'autre du corps.

Faire 1 crinière le long du cou : prendre 1 fil abricot, faire des longues boucles autour du doigt, piquer avec 1 aiguille dans la partie crochetée (faire 6 ou 7 boucles par touffe) et bien nouer le fil.
Pour les raies, crocheter en abricot de longues bandes de ml, les coudre sur le corps en faisant des triangles ou des rectangles.

## Accessoires

### *Panier*
Carton : découper 2 rectangles de 5,5 x 3,5 cm, 2 de 2,5 x 3,5 cm et 1 de 5,5 x 2,5 cm.
Assembler la structure en la fixant avec du ruban adhésif.
Crochet (en blanc) :
Pour le contour extérieur, monter 1 chaînette de 69 ml + 3, puis faire 8 rgs de 70 br.
Pour le fond extérieur, crocheter 5 rgs de 22 br.
Pour le contour intérieur, faire 7 rgs de 55 br.
Pour le fond intérieur, faire 4 rgs de 20 br.
Coudre chaque fois le fond au contour. Glisser la boîte en carton dans la partie extérieure, mettre l'autre partie dans la boîte et fermer en haut. Faire 1 anse avec 1 bout de fil à scoubidou et l'attacher aux 2 côtés du panier.

### *Brosse à dents*
Fil à scoubidou : 2 fils de 3 cm, 1 fil de 8 cm.
Réunir ces fils en mettant le grand au milieu et les fixer avec du ruban adhésif.
Crochet : en bleu foncé, monter 1 chaînette de 5 ml + 3, puis faire 9 rgs de 6 br, 5 rgs de 10 br.
Poser les fils dessus et fermer. Faire des poils pour la brosse à dents en faisant des petites boucles avec du fil blanc (même technique que pour la crinière).

### *Tube de dentifrice*
En bleu foncé, monter 9 ml + 3 et crocheter 7 rgs de 10 br.
Plier en 2, faire 1 couture sur 2 côtés, replier le dernier rg sur l'avant-dernier, fixer, rembourrer et fermer en haut en resserrant un peu. Faire un capuchon rouge (3 rgs de 6 br) et le coudre sur le tube.

### *Peigne*
Fil à scoubidou de 8 cm.
Au crochet, en noir, monter 1 chaînette de 37 ml + 3, puis faire 2 rgs de 38 br et 1 rg de 19 tbr.
Poser le fil à scoubidou sur la partie de 2 rgs et fermer.

### *Brosse*
Carton : découper 1 rectangle de 7 x 2,5 cm, lui donner la forme d'une brosse en découpant sur 4 cm 0,75 cm de chaque côté et en arrondissant les angles.
Crochet (en noir) : faire 5 ml + 3, puis 8 rgs de 6 br, 1 rg de 8 br, 4 rgs de 10 br, 1 rg de 8 br, 1 rg de 6 br. Faire 2 fois.
Mettre le carton sur la bande crochetée, poser un peu de rembourrage sur la partie arrondie du carton, poser la 2e partie dessus et coudre.

Pour les poils de la brosse, couper des petits morceaux de fil à scoubidou blancs et les fixer sur la partie bombée avec 1 fil blanc (piquer dans le plastique).

### *Savon*
Carton : découper 2 rectangles de 2 x 1 cm, 2 de 2 x 0,75 cm et 2 de 1 x 0,75 cm.
Monter la boîte en la fixant avec du ruban adhésif.
Crochet (en jaune) : faire 1 chaînette de 8 ml + 3, puis crocheter 6 rgs de 9 br. Faire ainsi 2 parties identiques. Pour le contour, faire 2 rgs de 28 br.
Assembler la 1re partie et le contour, mettre la boîte dedans et coudre la 2e partie.

### *Serviette*
En vert clair, monter 11 ml + 3, puis crocheter 14 rgs de 12 br.

## Gant de toilette

En vert clair, faire 4 rgs de 8 br, plier en 2 et fermer sur 2 côtés.

## Bavette

En bleu foncé, monter 13 ml + 3, et faire 10 rgs de 14 br. Crocheter 1 chaînette de 20 cm de ml pour faire l'attache. La passer dans le 1er rg de br, froncer un peu en tirant sur la chaînette.

## Couche-culotte

En blanc, faire 1 chaînette de 24 ml + 3, puis voir le schéma p. 29.

Attention aux ouvertures pour les pattes : il y a des mc sur le 1er rg et des ml sur le 2e.

Pour les fermetures (en vert foncé), faire 12 rgs de 3 br. Il y a 2 fermetures. Ne les coudre que lorsqu'on a mis la couche à la girafe. Fermer la couche sur 1 côté et en haut et laisser 1 petite ouverture pour la queue.

## Garniture du panier

Coudre la serviette au bord. Fixer la brosse, le peigne, le tube de dentifrice, le savon à l'intérieur.
Coudre le gant de toilette sur le bord opposé.

*Cou*

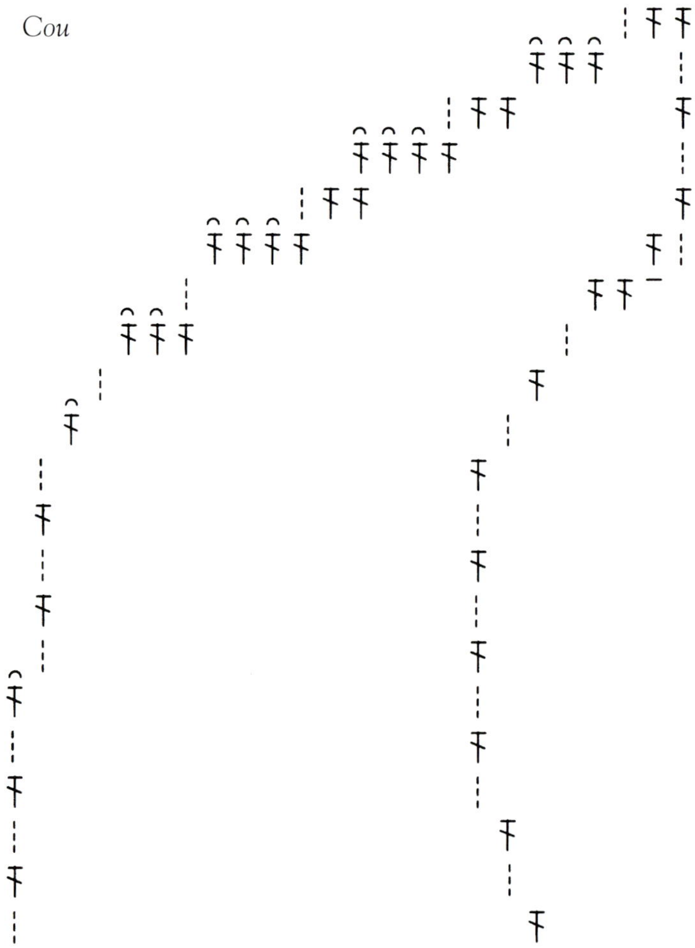

## Cordelettes

En bleu clair : 175 cm de ml.
En rouge : 90 cm de ml et 1 rg de ms.

## Finitions

Repasser et amidonner légèrement les parties plates. Coudre l'échelle (sur la tranche) et mettre le soigneur dessus. Lui faire tenir l'échelle de la main gauche et lui mettre la brosse à dents dans la main droite.

Enfiler la couche-culotte à la girafe et coudre les 2 fermetures vertes. Lui nouer la bavette autour du cou. Fixer la girafe en faisant attention à ce que la brosse à dents soit bien positionnée par rapport à elle. Coudre le panier avec les accessoires entre l'échelle et la girafe.

Attacher le panneau crocheté à la baguette en bois avec la cordelette bleu clair et mettre la cordelette rouge.

*Corps*

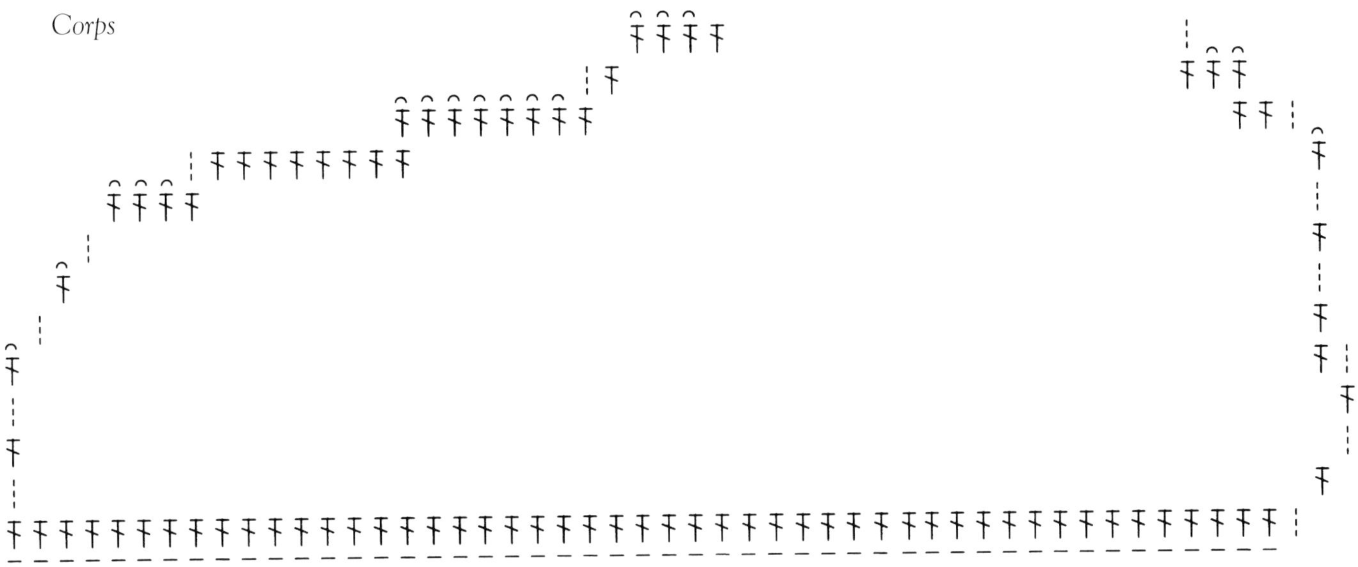

*Corps et cou (assemblage)*

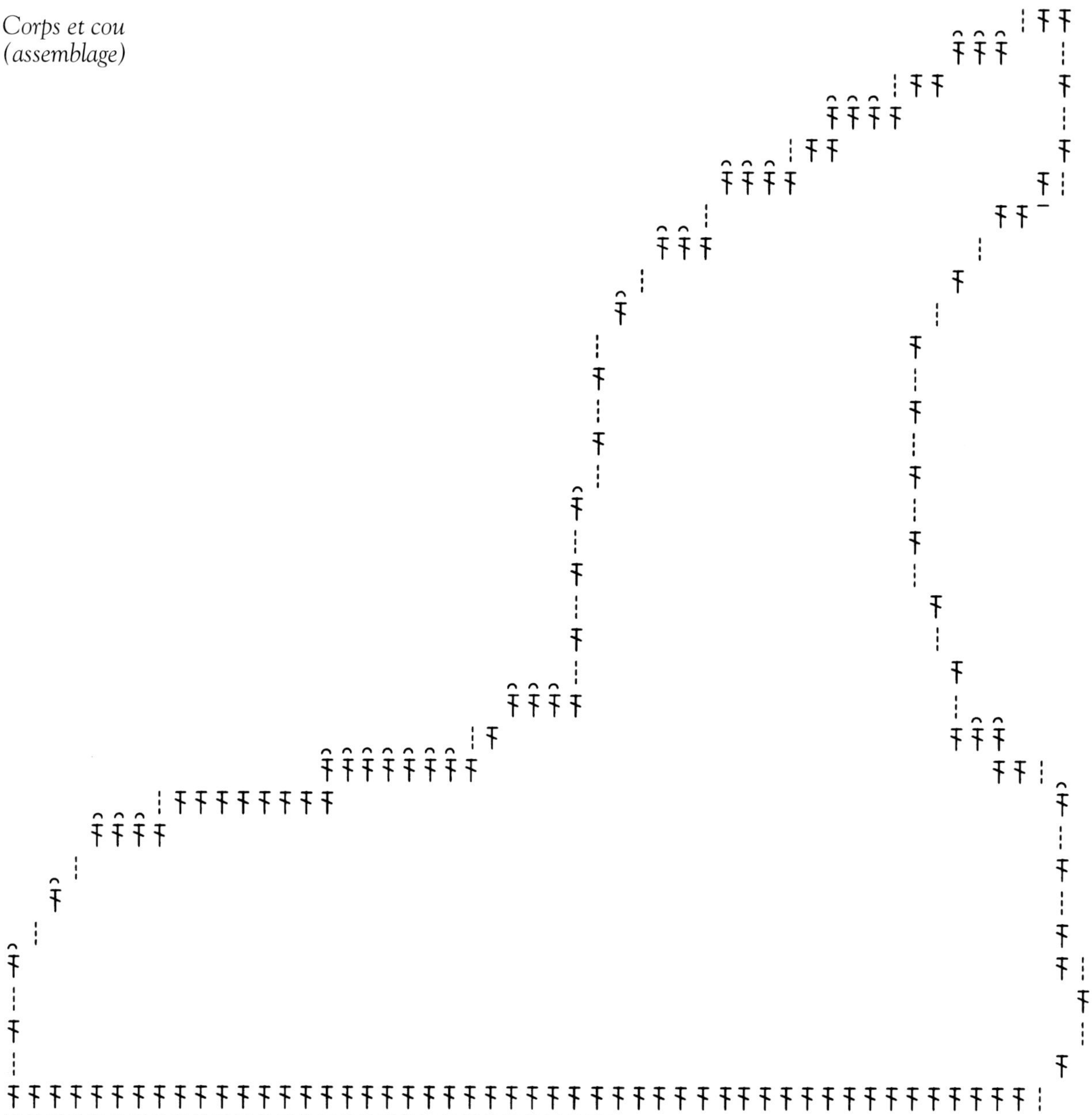

*Couche-culotte*

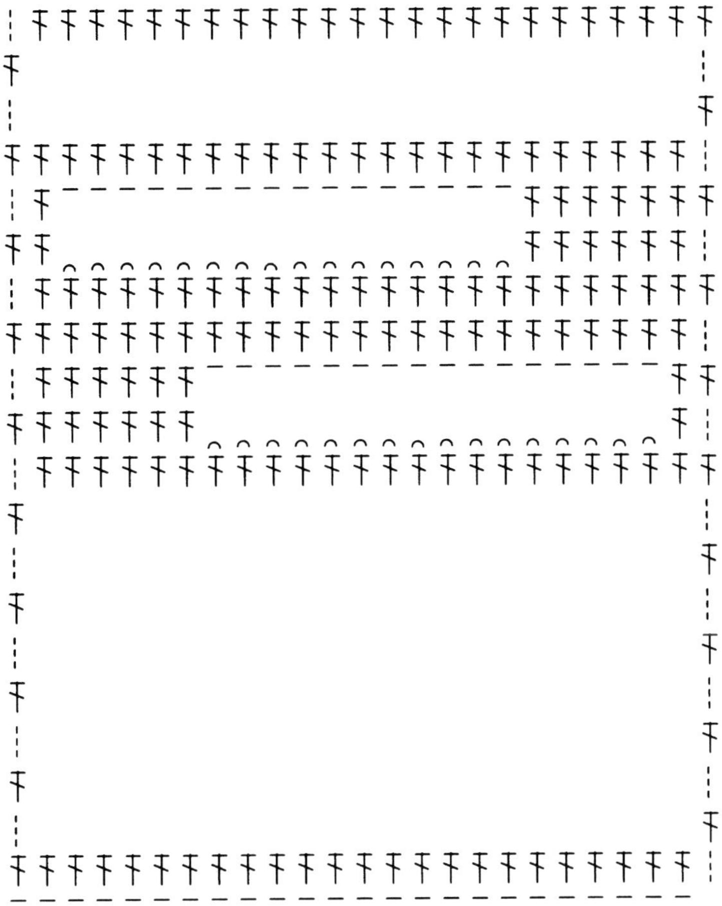

*Patte*

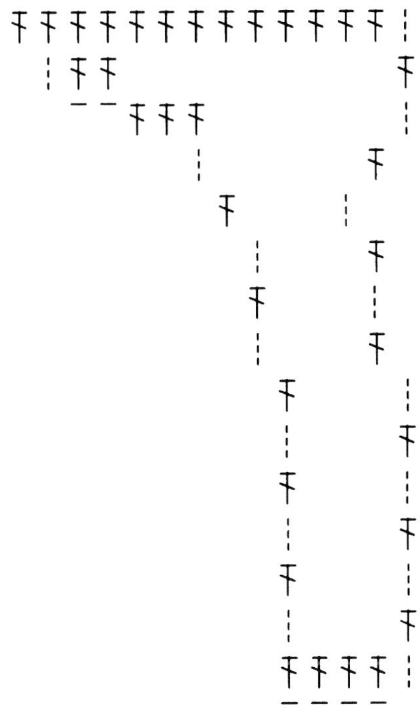

*Jambe du soigneur*

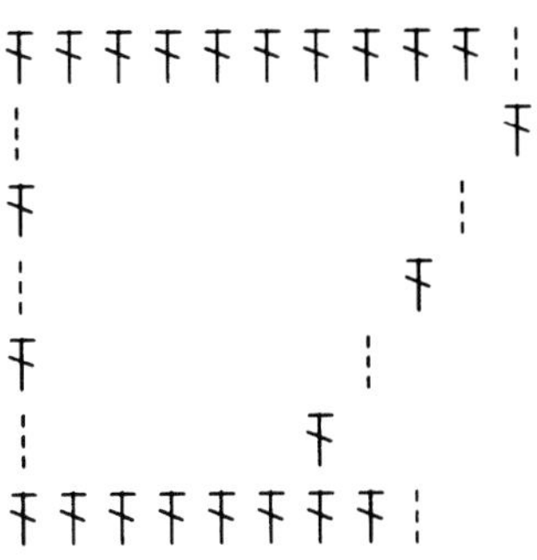

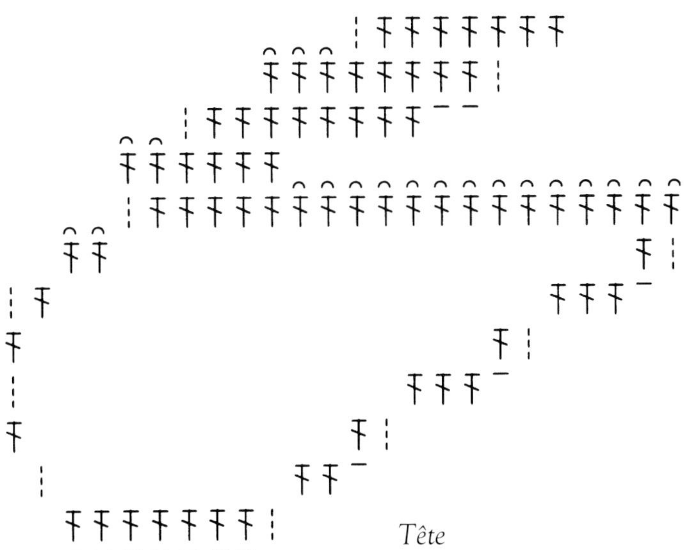

*Tête*

# L'écureuil économe

*Le petit écureuil est rassuré, le gland qu'il mange n'est pas le dernier ; il vaut mieux avoir des réserves en vue de l'hiver qui sera long.*

Taille du tableau : 30 x 32 cm

## Fournitures

– Fil à crocheter :
n° 10 : noir, bleu clair
n° 20 : abricot, écru, rouge, noir, bordeaux, vert foncé, brun clair, brun foncé, jaune
– 1 baguette en bois de 36 cm de long

## Réalisation

Fond (en point filet) :
Monter 1 chaînette de 105 ml + 7 avec le fil jaune. Crocheter 15 rgs de 36 carreaux en noir et 32 rgs en bleu clair. Voir les explications des points p. 4-5.

### Écureuil

L'écureuil est en abricot et en écru.

*Tête*
En abricot, monter 11 ml + 3, puis suivre le schéma p. 35.

*Corps et cou*
En abricot, faire 1 chaînette de 17 ml + 3, puis suivre le schéma p. 35.
En écru, crocheter 15 ml + 3, puis suivre le schéma p. 35.

*Pattes avant*
En abricot, monter 14 ml + 3, puis voir le schéma p. 34.
Attention : après le 2e rg de br, il faut d'abord faire la patte et couper le fil.
Puis revenir sur les 6 br de la « main » et la finir.
Crocheter une 2e patte identique.
En noir, broder des griffes au bout de la « main ».

*Pattes arrière*
Monter 1 chaînette de 5 ml +3, puis suivre le schéma p. 34. Crocheter deux pattes identiques et broder des griffes noires.

*Queue (panache)*
Crocheter 12 ml + 3 et suivre le schéma p. 33.
Attention, pour la courbure du panache, il faut faire des augmentations dans le rg.
Crocheter une 2e partie identique.

Entre les 2 parties (dessus et dessous du panache), fixer 1 bande de 4 br : 36 rgs en écru et 16 rgs en jaune. Assembler le tout et rembourrer.

*Oreilles*
Faire 6 ml + 3, 1 rg de 7 br, 1 rg de 5 br, 1 rg de 3 br, 1 rg de 1 br.
Crocheter de même la 2e oreille.

*Œil*
En écru, monter 4 ml, fermer en rond avec 1 mc, puis crocheter : 1 rg de 4 br, 2 rgs de 8 br.
Le dernier rg est en jaune.

Broder le contour de l'œil et les cils en noir, faire également 1 iris brun clair et 1 pupille noire.

*Bouche*
En blanc, monter 4 ml + 3, puis crocheter : 1 rg de 5 br, 1 rg de 7 br, 2 rgs de 7 br (décaler vers la droite), 1 rg de 5 br.
Broder une bouche rouge.

## Assemblage de l'écureuil
Assembler les 2 parties du corps. Coudre le panache au corps.
Fixer les pattes avant, l'une sur le corps, l'autre sous le corps. Procéder de la même façon pour les pattes arrière. Coudre la tête au corps. Fixer les oreilles, l'œil, la bouche. Broder 1 nez noir (1 gros point) et des moustaches noires.

## Accessoires

*Branche*
En brun, monter 15 ml + 2. Faire 1 rg de ms.

*Feuilles*
Il y a 3 feuilles en vert, 1 en vert et brun clair, 1 en bordeaux et brun clair, 1 en bordeaux.
Monter 6 ml + 3, puis suivre le schéma p. 34.
(Toutes les feuilles ne sont pas forcément identiques. Le schéma n'est qu'un exemple.)

Pour la nervure centrale et la tige, crocheter 1 chaînette d'environ 25 ml. La coudre sur la feuille en la laissant un peu dépasser pour la tige. Les petites nervures sont brodées avec un fil simple.

*Branche morte*
En brun foncé, monter 11 ml + 3, puis 10 rgs de 12 br. Former un cylindre, coudre sur 2 côtés, rembourrer et fermer le dernier côté. Faire 2 petites branches : 1 de 3 rgs de 6 br et 1 de 6 rgs de 6 br.
Les plier en 2, fermer et les rattacher à la grande branche. Broder quelques points vert foncé pour figurer des bouts de feuilles.

*Glands*
En brun clair, monter 24 ml + 3 puis : 3 rgs de 25 br, 1 rg de 20 br, 1 rg de 16 br, 1 rg de 13 br, 1 rg de 6 br.
En brun foncé (pour la calotte du gland), monter 4 ml, fermer en rond avec 1 mc, et crocheter : 1 rg de 8 br, 1 rg de 16 br, 2 rgs de 32 br.
Faire une couture de côté à la partie claire, la rembourrer et fixer la partie foncée par-dessus.

## Cordelettes
En bleu : faire 125 cm de ml.
En vert : monter 90 cm de ml et faire 1 rg de ms.

## Finitions
Repasser et amidonner légèrement les parties plates.
Coudre l'écureuil au centre du panneau crocheté. Lui mettre un gland entre les pattes avant.
Répartir les feuilles : les vertes sont cousues à la grande branche brune, les autres ainsi que les glands restants sont fixés sur le fond noir.
La petite branche est également attachée sur le fond noir entre les feuilles et les glands.
Attacher le panneau crocheté à la baguette en bois avec la cordelette bleue et mettre la cordelette verte.

*Panache*

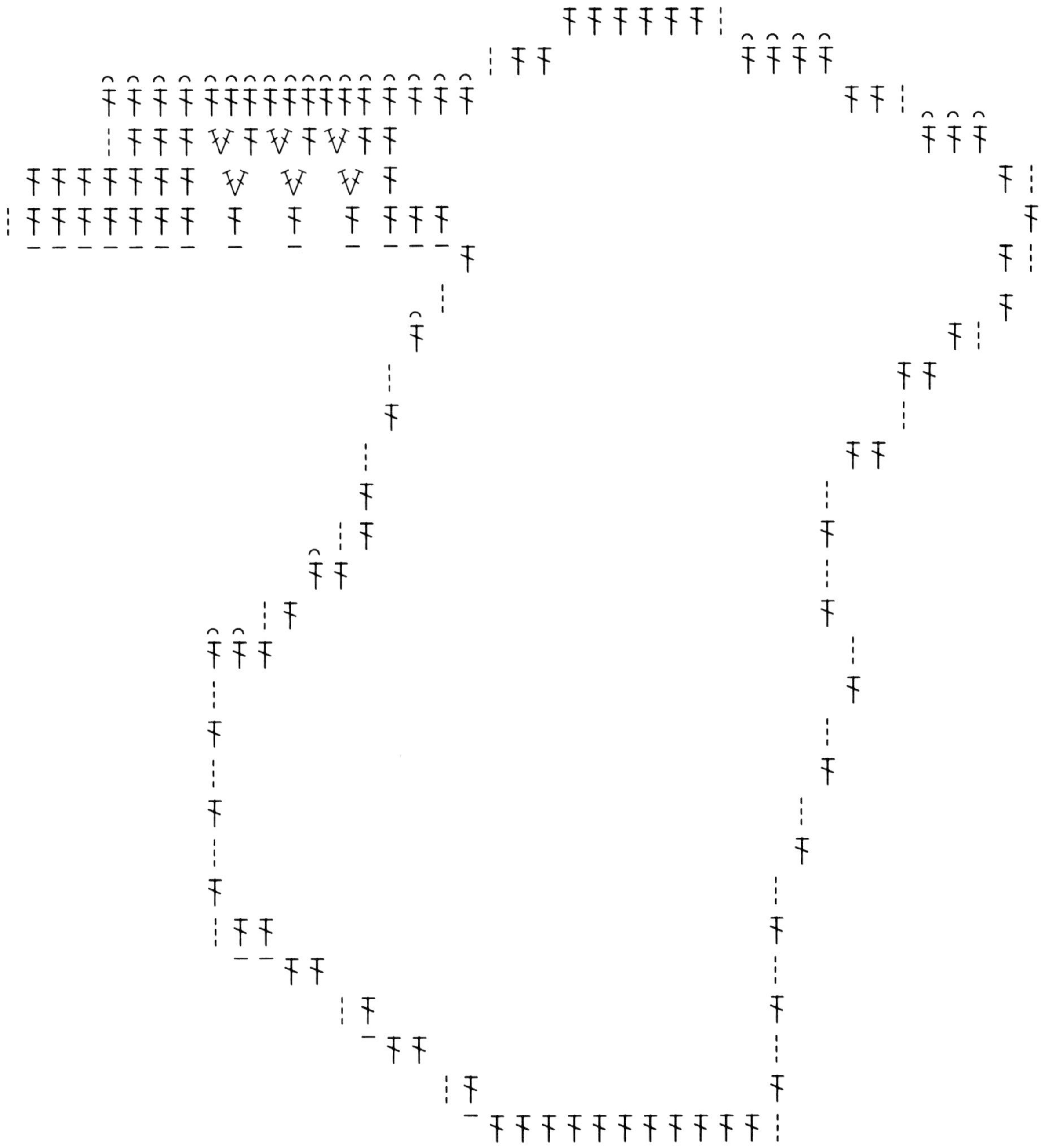

*Patte avant*

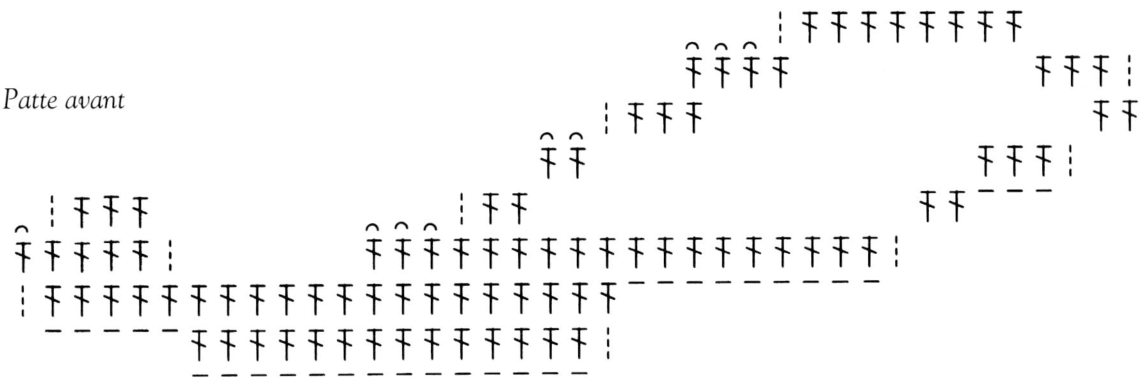

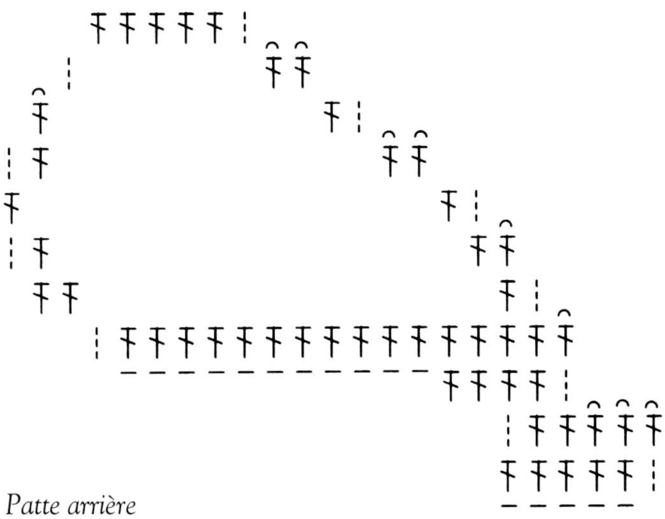

*Patte arrière*

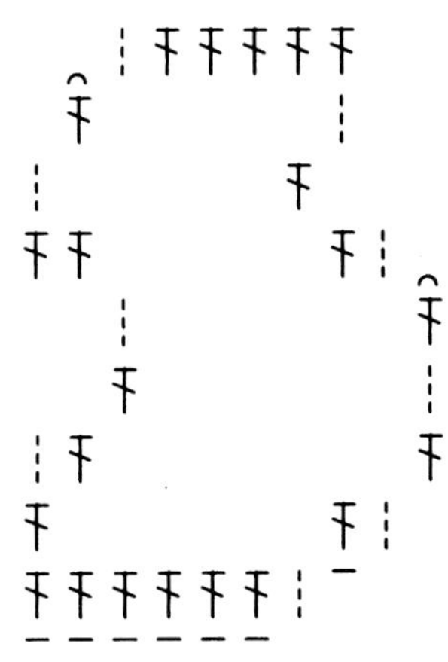

*Feuille*

*Corps écru*

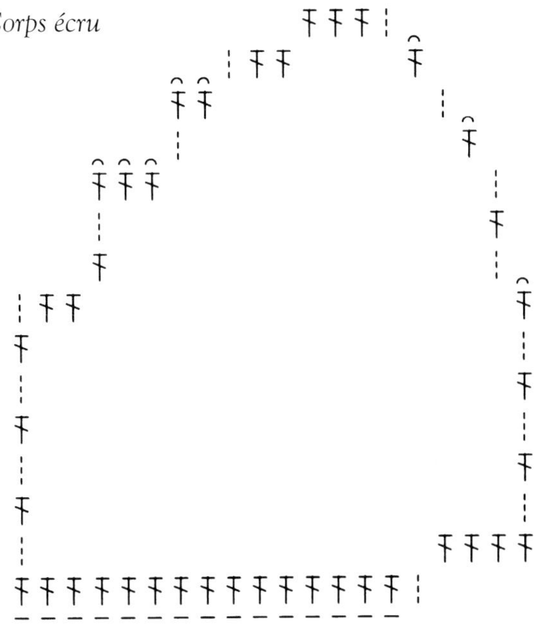

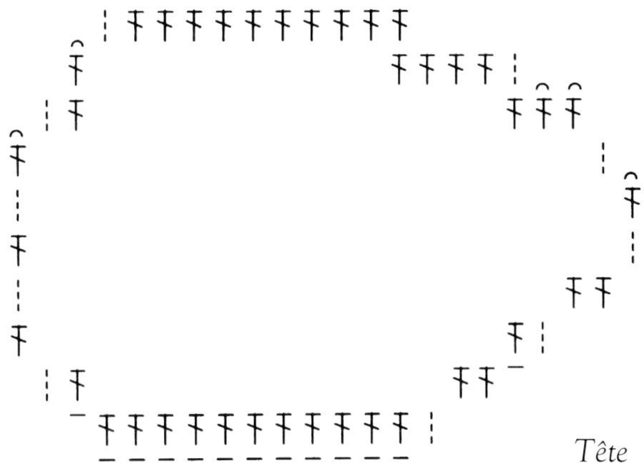

*Tête*

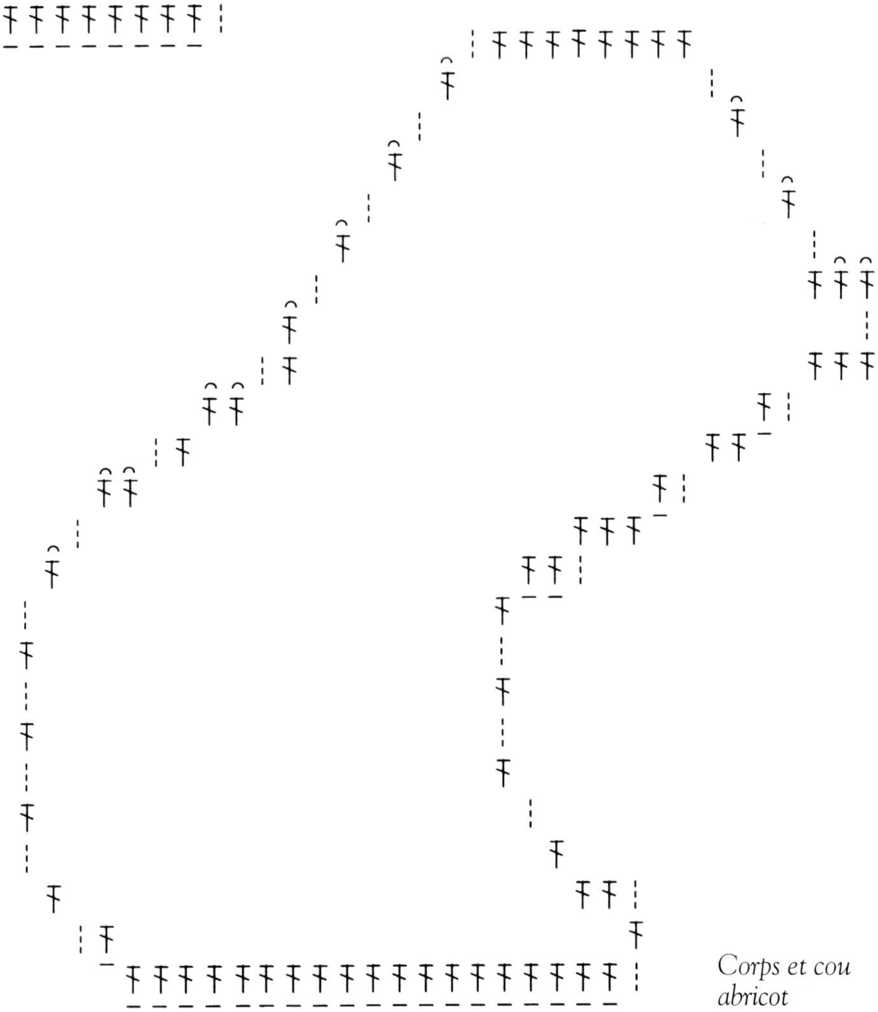

*Corps et cou abricot*

# Les oursons joueurs

*Elle n'est pas de tout repos,
cette partie de tennis sur gazon : les raquettes sont un peu grandes,
même pour deux oursons courageux !*

Taille du tableau : 53 x 26 cm

## Fournitures

- Fil à crocheter :
  n° 10 : vert clair, bleu clair, noir
  n° 20 : rose, jaune, bleu foncé, blanc, noir, rouge
- Fil en nylon transparent (genre fil de pêche)
- Fil à scoubidou : 40 cm
- 1 baguette en bois de 57 cm de long
- Carton : 10 x 20 cm

## Réalisation

Fond (en point filet) :
Monter 1 chaînette de 171 ml + 7 avec le fil vert clair. Crocheter 16 rgs de 58 carreaux en vert clair, 4 rgs en noir et 16 rgs en bleu clair.

### Ourson rose

La petite ourse est en rose.

#### *Tête*

En rose, faire 1 chaînette de 19 ml + 3, puis suivre le schéma p. 39. Ensuite, en jaune, crocheter 9 ml + 3, puis suivre le schéma de la tête pour les augmentations à droite, et crocheter : 1 rg de 10 br, 1 rg de 16 br, 1 rg de 19 br, 1 rg de 21 br, 1 rg de 20 br, 1 rg de 17 br, 1 rg de 14 br.
Coudre la partie jaune sur la rose.

#### *Corps*

En rose, monter une chaînette de 24 ml + 3, puis suivre le schéma p. 39.
Puis en jaune, crocheter 12 ml + 3 : 1 rg de 12 br, 2 rgs de 13 br, 2 rgs de 11 br, 1 rg de 9 br, 1 rg de 8 br, 1 rg de 7 br.
Coudre le jaune à peu près au centre du rose.
Attention : toujours commencer les parties du corps par le côté qui sera cousu au reste.

#### *Pattes*

– Patte avant droite : monter 1 chaînette de 31 ml + 3, puis suivre le schéma p. 40.
*N.B.* : pour la « main », finir d'abord le reste de la patte, couper le fil et faire la « main ».
– Patte avant gauche : faire 1 chaînette de 14 ml + 3, puis suivre le schéma p. 40.
Procéder comme pour l'autre patte.
– Patte arrière droite : faire 17 ml + 3, puis suivre le schéma p. 40.
– Patte arrière gauche : monter 1 chaînette de 13 ml + 3, puis suivre le schéma p. 40.

#### *Oreilles*

En rose, monter 9 ml + 3, puis : 1 rg de 10 br, 1 rg de 16 br, 3 rgs de 18 br, 1 rg de 16 br, 1 rg de 10 br.
En jaune, faire 4 rgs de 10 br. Coudre cette dernière partie au centre de l'oreille rose. Pour faire l'arrondi du haut de l'oreille, passer 1 fil dans le dernier rg, resserrer et nouer. Faire cela 2 fois.

#### *Yeux*

En blanc, monter 4 ml, fermer en rond avec 1 mc et crocheter : 1 rg de 8 ms, 2 rgs de 16 ms.

# L'hippopotame heureux

*Qu'il est agréable de se prélasser dans une baignoire remplie d'eau et de jouer avec son petit canard, quand on est un gros hippopotame hilare !*

Taille du tableau : 40 x 32 cm

## Fournitures

– Fil à crocheter :
  n° 10 : vert clair
  n° 20 : rose, brun clair, rouge, bleu foncé, jaune, vert foncé
– Feuille en plastique rigide transparent (format A4)
– 1 baguette en bois de 44 cm de longueur
– Fil à scoubidou : 4,5 cm

## Réalisation

Fond (en point filet) :
Monter 1 chaînette de 141 ml + 7 avec le fil vert clair.
Crocheter 48 rgs de 48 carreaux en vert clair. Voir les explications des points p. 4-5.

### Baignoire

– En plastique transparent :
Découper 5 rectangles : 2 de 25 x 6 cm, 2 de 6 x 4 cm, 1 de 25 x 4 cm.
Assembler les pièces en les fixant avec du ruban adhésif.
– Au crochet :
En jaune, monter 1 chaînette de 5 ml + 2, puis crocheter 6 cm de 6 ms. Faire 4 bandes identiques.
Monter également 58 cm de ml + 2 et faire 6 rgs de 58 cm de ms. Crocheter une 2e bande identique.
Pour chaque pied de la baignoire, monter 2 ml + 3 et faire 4 rgs de 3 br.
Fixer 1 petit bout de fil à scoubidou au bout.

### Robinet

Prendre 1 fil à scoubidou de 2,5 cm.
Monter 4 ml + 2, faire 10 rgs de 5 ms et le mettre autour du fil à scoubidou.

### Montage de la baignoire

Plier 1 des bandes de 58 cm en 2 et entourer le haut de la baignoire en piquant à travers le plastique pour bien la fixer.
La 2e bande se met au bas de la baignoire, mais elle n'est pas pliée.
Sur les côtés, fixer les petites bandes en les attachant en haut et en bas aux 2 grandes bandes.
Pour faire illusion de carrelage (et pour mieux maintenir l'ensemble), relier les bandes avec du fil jaune à intervalle régulier, comme un tissage.
Coudre les pieds aux 4 coins et fixer le robinet au bord de la baignoire. Broder 1 point rouge et 1 point bleu sur les côtés du robinet.
Mettre du rembourrage dans la baignoire en le collant un peu au fond et sur les côtés (pour faire de la mousse).

**Petit canard :**

Le petit canard est en 3 couleurs : vert, jaune et rouge.
Crocheter chaque couleur séparément.

En vert, monter 6 ml + 3, puis suivre le schéma p. 47. En jaune, faire 2 ml + 3.
En rouge, faire également 2 ml + 3. Crocheter chaque couleur 2 fois.
Assembler (attention au sens d'assemblage du 2e côté, les coutures doivent être faites sur le dessus), rembourrer et fermer.
Le schéma réunit les 3 couleurs.
Broder 1 aile rouge, 1 œil, 1 bec ainsi que 2 pattes jaunes. L'accrocher à l'intérieur de la baignoire.

## Hippopotame

L'hippopotame est en rose.

### *Tête*

La tête se compose de 4 parties :
– 1re partie : la mâchoire supérieure, la bande centrale et l'intérieur de la bouche.
Pour la mâchoire monter 1 chaînette de 15 ml + 3, puis suivre le schéma p. 47. Faire 2 fois.
Pour la bande centrale, faire 5 ml + 3 et crocheter 14 rgs de 6 br.
La bande centrale sert à donner du volume.
Pour la bouche, en rouge, faire 6 ml + 3 et 7 rgs de 7 br.
– 2e partie : l'arrière de la tête, c'est-à-dire les 2 côtés et la bande centrale.
Pour le côté, monter 19 ml + 3, puis suivre le schéma p. 47. Faire 2 côtés.
La bande centrale : 25 rgs de 6 br.
– 3e partie : la mâchoire inférieure c'est-à-dire la mâchoire, la bande centrale et l'intérieur de la bouche.
Pour la mâchoire, faire 1 chaînette de 22 ml + 3 et crocheter 3 rgs de 23 br. Faire cela 2 fois.
Bande centrale : 10 rgs de 6 br.
Bouche : en rouge, faire 9 rgs de 7 br. Faire également 1 rg de 40 ms en blanc.
– 4e partie : le cou.
Pour le cou, monter 29 ml + 3 et faire 2 rgs de 30 br. Faire 2 fois.

### *Autres parties de la tête*

– Dents : en blanc, faire 5 ml + 2 et crocheter 10 rgs de 6 ms.
Fermer sur 2 côtés, rembourrer et fermer en bas. Faire 2 dents.
– Naseaux : les 2 naseaux sont en rose et blanc.
En rose : monter 5 ml + 2 et faire 4 rgs de 6 ms. Puis crocheter 1 rg de ms tout autour (pour arrondir les angles et faire du relief).
En blanc : faire 4 ml + 2 et 3 rgs de 6 ms.
Coudre sur la partie rose et broder 1 gros point rouge au milieu du blanc (voir photo).

– Yeux : en rose, monter 11 ml + 2 et faire 6 rgs de 12 ms, puis comme pour les naseaux.
En blanc, 7 ml + 2, puis 4 rgs de 8 ms.
Coudre sur le rose et broder un point bleu foncé au milieu du blanc.

– Oreille : elle est composée d'une boule rose et de l'oreille proprement dite.
Boule rose : monter 9 ml + 2 et crocheter 4 rgs de 10 ms. Fermer aux 3/4, rembourrer et fermer le reste.
Oreille : en rose, monter 5 ml + 2, puis faire 4 rgs de 6 ms, 2 rgs de 4 ms, 1 rg de 2 ms ; en rouge : 3 ml + 2, puis procéder comme pour la boule rose (1 rg de 4 ms en moins). Coudre le rouge sur le rose et le tout sur la boule. Faire une 2e oreille.

## Assemblage de la tête

Monter la mâchoire supérieure en cousant la bande centrale aux 2 parties de la mâchoire et mettre la bouche rouge, rembourrer. Comme ce n'est pas fermé à l'arrière, il faut faire quelques points lâches pour empêcher le rembourrage de sortir. Monter l'arrière de la tête en assemblant les 2 côtés et la bande centrale. Finir comme la 1re partie.

Finir la mâchoire inférieure en réunissant les 2 parties, la bande centrale et la bouche (voir photo).
Assembler ces 3 parties : coudre la mâchoire supérieure et la mâchoire inférieure à l'arrière de la tête en faisant attention à ce que la mâchoire soit bien ouverte.
Broder 1 ligne rouge de chaque côté de la bouche, pour faire sourire l'hippopotame.
Fixer les 2 dents, coudre les naseaux, les yeux et les oreilles. Pour donner la bonne forme à l'arrière de la tête, il faut passer 1 fil rose entre les yeux et les oreilles, et serrer un peu.
Coudre le cou sous la tête. Le cou n'est pas rembourré
Coudre les 2 parties indépendamment sous la tête puis les assembler sur les 3 côtés restant.

## Corps

Il n'est pas en relief. Monter 17 ml + 3, puis suivre le schéma p. 46. Crocheter 1 rg de ms tout autour.
Attention : commencer toujours les parties du corps par le côté qui sera cousu au reste.

### *Pattes avant*

Crocheter 1 chaînette de 13 ml + 3, puis suivre le schéma. Crocheter 1 rg de ms autour et faire 1 autre patte identique.

### *Pattes arrière*

Monter 13 ml + 3, puis suivre le schéma ci-dessous. Procéder comme pour les pattes avant.

### *Ongles*

Ils sont en bleu. Faire 4 ms entre les br au bout des pattes (5 x par patte).

### *Queue*

Monter 2 ml + 3 et faire 1 rg de 10 br, 1 rg de 8 br, 1 rg de 6 br, 1 rg de 4 br, 1 rg de 2 br.
Taches de saleté : en brun, faire de petites pièces crochetées (quantité, forme selon votre inspiration).

## Assemblage de l'hippopotame

Coudre les pattes au corps et mettre les taches sur celui-ci : elles doivent être au-dessus du niveau d'eau.
Attacher la queue au-dessus de la patte arrière.
Bien fixer la tête au corps.

## Cordelettes

En vert clair : faire 185 cm de ml.
En jaune : monter 1 chaînette de 90 cm de ml, puis 1 rang de ms.

## Finitions

Repasser et amidonner légèrement les parties plates.
Voir la photo pour la disposition.
Coudre la baignoire sur le fond (les pieds ne sont pas fixés). Y asseoir l'hippopotame de façon que la partie au-dessus de la queue soit hors de l'eau. Fixer le haut de l'hippopotame sur le fond, mais laisser libre la partie dans la baignoire.
Attacher le panneau crocheté à la baguette en bois avec la cordelette vert clair et mettre la cordelette jaune.

*Patte arrière*

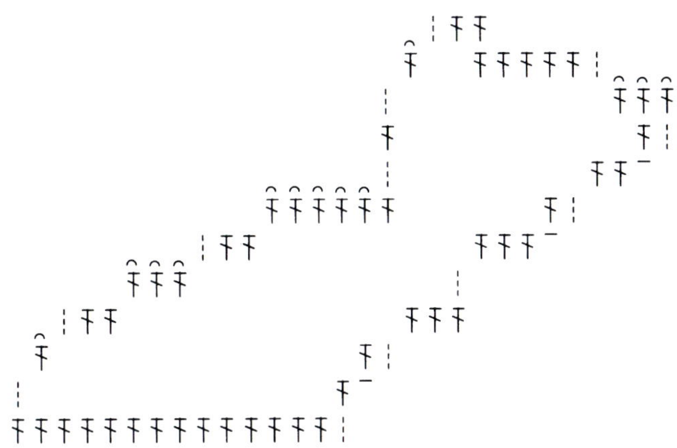

*Patte avant*

*Corps*

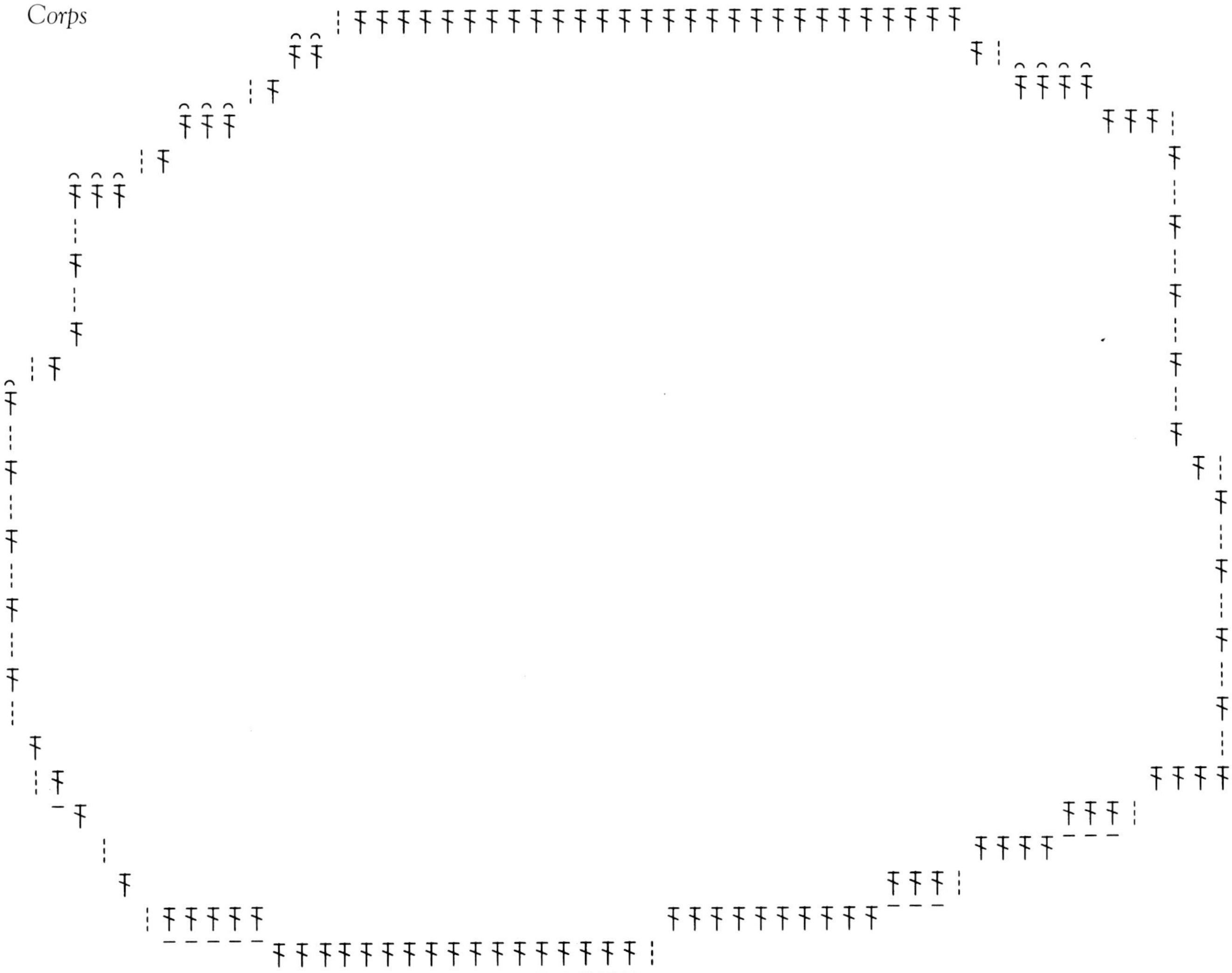

*Côté de la tête*

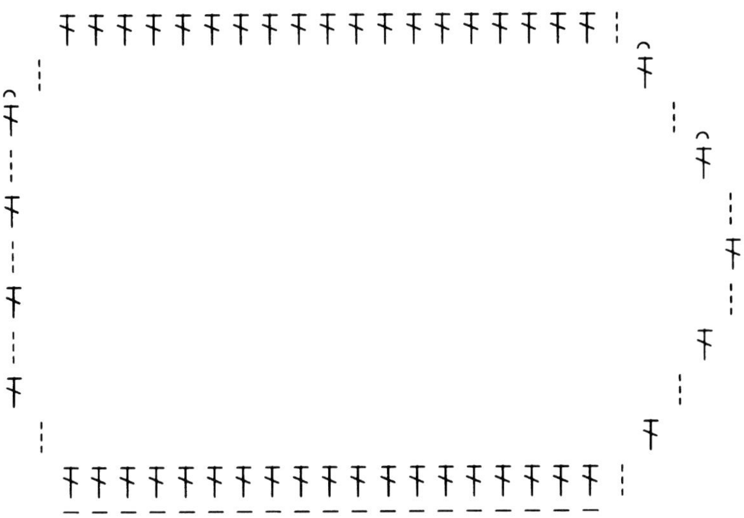

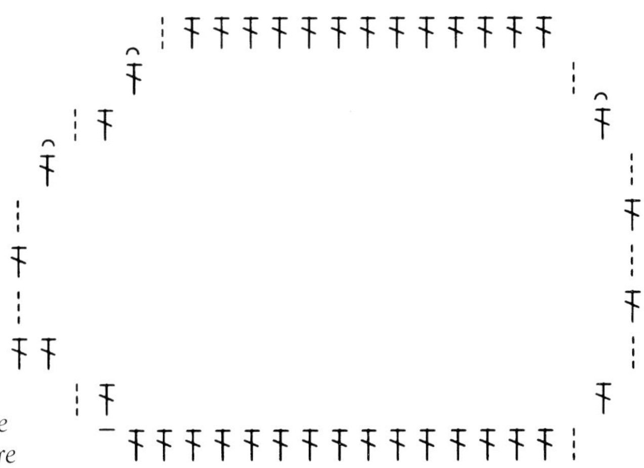

*Mâchoire supérieure*

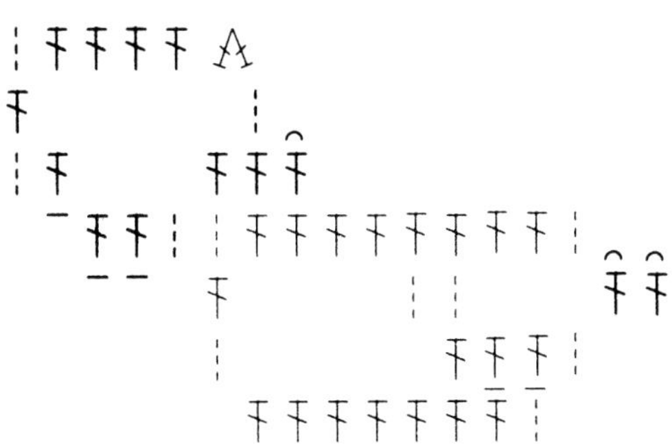


*Canard*

DOMAINE
PRIVÉ

# La souris curieuse

*Pour scruter l'horizon, rien de mieux que de grimper sur un gros champignon, même vénéneux, quand on est une petite souris bleue !*

Taille du tableau : 34 x 28 cm

## Fournitures

– Fil à crocheter :
  n° 10 : jaune, vert clair
  n° 20 : bleu foncé, abricot, blanc, rouge, jaune, vert foncé, vert clair, brun clair, bordeaux, noir
– Fil à scoubidou : 50 cm
– 1 baguette en bois de 38 cm de long

## Réalisation

Fond (en point filet) :
Monter 1 chaînette de 120 ml + 7 avec le fil vert clair. Crocheter 20 rgs de 42 carreaux en vert clair et 24 rgs en jaune. Voir les explications des points p. 4-5.

**Souris**

La petite souris est en bleu foncé.

*Tête*

Monter 8 ml + 3, puis suivre le schéma p. 51.
Crocheter ainsi 2 parties identiques, les assembler et les rembourrer.

*Corps*

Faire 1 chaînette de 7 ml + 3, puis 1 rg de 8 br, 1 rg de 10 br, 1 rg de 12 br, 11 rgs de 14 br, 1 rg de 12 br, 1 rg de 10 br, 1 rg de 8 br.
Crocheter ainsi 2 parties identiques, assembler et rembourrer.
Attention, toujours commencer les parties du corps par le côté qui sera cousu au reste.

*Pattes*

Monter 5ml + 3 et faire 1 rg de 6 br, 3 rgs de 10 br, 1 rg de 6 br, 3 rgs de 4 br. Crocheter 8 fois cette partie, assembler 2 par 2 et rembourrer. Broder des griffes noires au bout de chaque patte.

*Oreilles*

En bleu, crocheter 5 ml + 3, 1 rg de 6 br, 1 rg de 10 br, 3 rgs de 12 br. Mettre 1 rg de ms autour (pour arrondir).
En abricot, monter 4 ml + 3, puis 1 rg de 5 ml, 1 rg de 9 ml, 2 rgs de 11 ml. Coudre l'abricot sur le bleu.
Faire de la même façon une seconde oreille.

*Nez*

En noir, monter 5 ml + 2 et crocheter 8 rgs de 6 ms.

*Yeux*

En blanc, faire 4 ml, fermer en rond avec 1 mc.
Dans le rond, crocheter : 1 rg de 8 ms, 2 rgs de 12 ms.
Pour l'iris, broder 1 point noir au milieu du blanc.
Faire cela 2 fois.

*Queue*

En abricot, crocheter 34 ml + 2, puis 3 rgs de 35 ms.
Fermer sur toute la longueur sauf le dernier centimètre.

## Assemblage de la souris

Coudre les oreilles, les yeux et le nez sur la tête.
Broder 1 bouche rouge et faire 1 petite moustache noire (3 boucles par côté).
Fixer la tête et les pattes au corps, en tenant compte de la position de la souris.
Attacher la queue.

## Champignons

Il y a 1 grand champignon, 2 moyens et 2 petits.

### *Petit champignon*

– Pied : en jaune, monter 5 ml + 3 et crocheter 4 rgs de 6 br. Faire ainsi 2 parties et assembler.
– Chapeau : en rouge, faire 11 ml + 3, puis 1 rg de 12 br, 1 rg de 10 br, 1 rg de 8 br, 1 rg de 6 br.
Faire cela 2 fois.
En blanc : crocheter 2 rgs de 10 br.
– Assemblage : réunir les 2 parties du chapeau, rembourrer et fermer avec la partie blanche.
Coudre le pied. Broder des points blancs sur le chapeau.

### *Champignon moyen*

Procéder de la même façon que pour le petit mais :
– pour le pied, monter 8 ml + 3 et faire 6 rgs de 9 br ;
– pour le chapeau, faire 17 ml + 3, puis 3 rgs de 18 br, 1 rg de 16 br, 1 rg de 14 br, 2 rgs de 12 br ;
– pour le blanc : 3 rgs de 16 br.

### *Grand champignon*

Pour le pied : 11 ml + 3 et 11 rgs de 12 br.
Pour le chapeau : 39 ml + 3, puis 1 rg de 40 br, 10 rgs de br avec 1 diminution de chaque côté à chaque rang. Pour le blanc : 7 rgs de 38 br.

## Feuilles

Il y a 4 feuilles : 2 en brun clair, 1 en bordeaux et 1 en vert et bordeaux.
Exemple de feuille (mais elles peuvent légèrement différer en forme et en taille) :
Monter 5 ml + 3, puis suivre le schéma p. 51.
Pour la nervure centrale et la tige, crocheter 1 chaînette d'environ 25 ml. La coudre sur la feuille en laissant dépasser 1 cm pour la tige. Les petites nervures sont brodées avec un fil simple.

## Autres décors

### *Panneau*

En noir, faire 1 chaînette de 29 ml + 3 et crocheter 5 rgs de 30 br.
Écrire en rouge : DOMAINE PRIVÉ.
Chaque lettre est brodée sur 2 rgs et sur 2 br.
Faire 1 rg de ms autour du panneau.

### *Barrière*

Fil à scoubidou : 1 fois 32 cm et 6 fois 3 cm.
Au crochet, faire 1 fois 64 rgs de 5 br puis crocheter 6 fois 6 rgs de 5 br (pour les petits poteaux).
Poser le fil à scoubidou sur la bande et fermer.
Faire aussi 2 fois 64 rgs de 2 br.

### *Nuages*

Il y a 3 nuages de formes différentes. Ils sont en écru.
1er nuage : monter 11 ml + 3, puis suivre le schéma p. 51.
2e nuage : faire 25 ml + 3, puis suivre le schéma p. 51.
3e nuage : 7 ml + 3, puis suivre le schéma p. 51.

## Cordelettes

En jaune : faire 135 cm de ml.
En vert : 90 cm de ml et 1 rg de ms.

## Finitions

– Repasser et amidonner légèrement les parties plates.
Voir la photo pour la disposition.
– Monter la barrière : coudre la grande bande avec le fil à scoubidou, puis y accrocher les 6 petits poteaux à 8 carreaux d'intervalle. Fixer les 2 autres bandes respectivement à 1 et 3 carreaux de la grande bande.
– Attacher le panneau en le fixant avec 2 gros points rouges.
– Positionner et coudre la souris sur le grand champignon et coudre celui-ci au milieu du fond (voir photo).
– Mettre les autres champignons et les feuilles autour du grand champignon.
Coudre les nuages tout en haut du panneau.
– Attacher le panneau crocheté à la baguette en bois avec la cordelette jaune et mettre la cordelette verte.

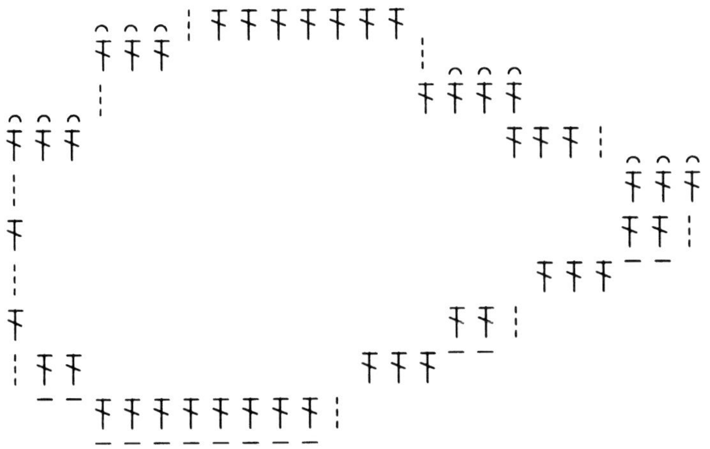

*Tête*

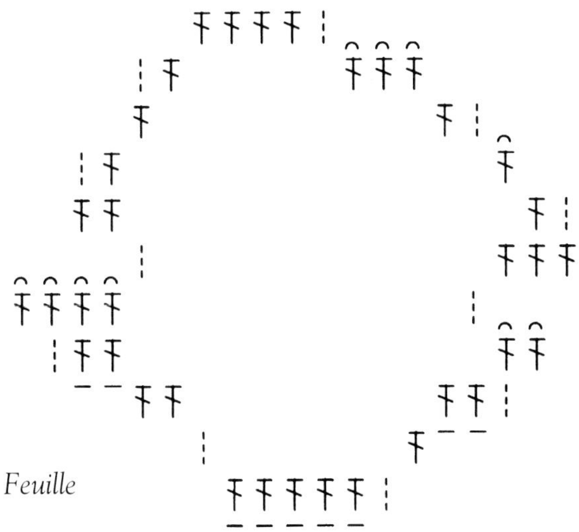

*Feuille*

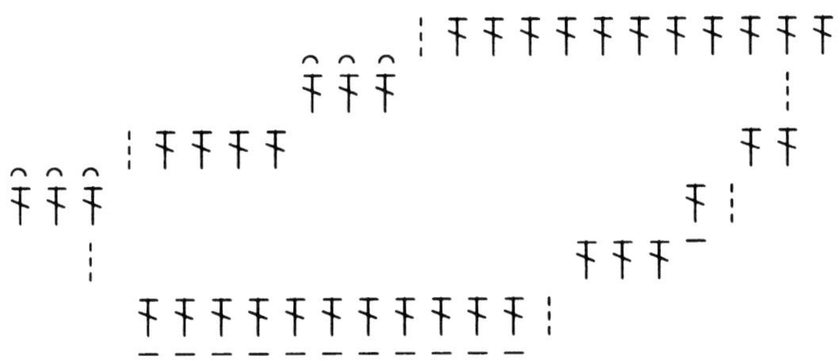

*1er nuage*

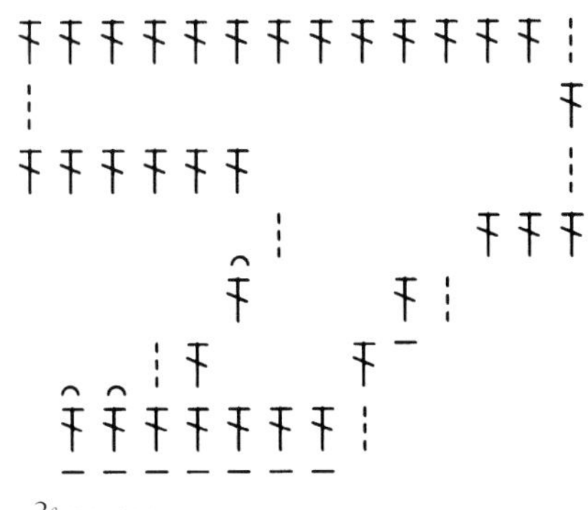

*3e nuage*

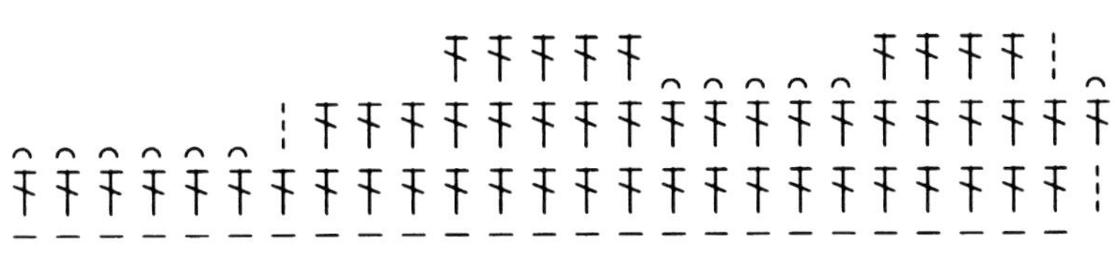

*2e nuage*

SUPERMARCHE
DES PRÉS

# La lapine au supermarché

*« Pas facile de faire les courses quand on a une bande d'affamés à la maison », pense la lapine, tout en entassant les aliments dans son caddie.*

Taille du tableau : 30 x 38 cm

## *Fournitures*

- Fil à crocheter :
  n° 10 : bleu violacé, jaune
  n° 20 : abricot, noir, rouge, blanc, jaune, vert foncé, bleu clair, brun clair
- Fil à scoubidou : 70 cm + 14 cm en noir
- Plastique transparent rigide (une feuille A4)
- 1 baguette en bois de 32 cm de long

## *Réalisation*

Fond (en point filet) :
Monter 1 chaînette de 105 ml + 7 avec le fil jaune.
Crocheter 25 rgs de 36 carreaux en jaune et 30 rgs en bleu violacé. Voir les explications des points p. 4-5.

### Lapine

La lapine est en abricot.

*Tête*

Crocheter 9 ml + 3, puis suivre le schéma p. 55.
Attention, la tête n'est pas pareille des deux côtés !

*Corps et cou*

Faire 1 chaînette de 29 ml + 3, puis suivre le schéma p. 55. Attention, commencer les parties du corps par le côté qui sera cousu au reste.

*Pattes avant*

Monter une chaînette de 9 ml + 3, puis crocheter 3 rgs de 10 br, 1 rg de 9 br, 5 rgs de 8 br, 2 rgs de 7 br, 2 rgs de 6 br.
Les diminutions sont à droite. Crocheter ainsi 2 pattes identiques et broder des griffes rouges.

*Pattes arrière*

Monter 9 ml + 3, puis suivre le schéma p. 55.
Finir comme pour les pattes avant.

*Oreilles*

En abricot, monter 7 ml + 3, puis faire 2 rgs de 8 br, 2 rgs de 6 br, 2 rgs de 4 br, 2 rgs de 2 br.
En jaune, monter 3 ml +3 et crocheter 2 rgs de 2 br.
Coudre l'oreille jaune sur l'oreille abricot. Crocheter une seconde oreille de la même façon.

*Queue*

Monter 5 ml + 3, puis faire 1 rg de 6 br, 1 rg de 4 br, 2 rgs de 2 br.

### Assemblage de la lapine

Fixer la tête sur le cou.
Assembler la tête : coudre les oreilles en repliant les bords vers l'intérieur.
Broder une bouche en rouge et blanc.
Faire des moustaches noires : 3 brins réunis à un bout.
Broder 1 petit nez noir.
Faire les yeux : en bleu, crocheter 4 ml et fermer en rond avec 1 mc. Dans le rond, faire 1 rg de 8 ms en bleu, 1 rg de 8 ms en blanc, 1 rg de 10 ms en blanc.
Broder un point noir au milieu de l'œil et coudre avec du fil noir en faisant des cils et des sourcils.

*N.B.* : le second œil n'est pas entier (le blanc n'est que d'un côté). Coudre les pattes avant, les pattes arrière et la queue (au niveau des 3ᵉ et 4ᵉ rgs).

## Habits et accessoires

### *Robe*

En noir, faire 1 chaînette de 29 ml + 3, puis 10 rgs de 30 br, 1 rg de 26 br, 7 rgs de 20 br.
Attention aux diminutions des 11ᵉ et 12ᵉ rgs.
Une bande de 13 rgs de 2 br (la bretelle) sera cousue aux 4ᵉ et 5ᵉ br de chaque côté.
Pour l'arrière de la robe, procéder de la même façon (il n'y a que 2 rgs de 20 br).
Assembler la robe en cousant les côtés de la taille jusqu'en bas (laisser une petite ouverture pour la queue).
Faire 1 petite ceinture rouge en passant 1 fil rouge dans la taille de la robe.

### *Sac*

En rouge, faire 1 chaînette de 7 ml + 3, puis crocheter 5 rgs de 8 br.
Plier en 3 (3+3+2) et coudre les côtés.
Fixer le rabat avec 1 point et faire 1 bandoulière avec un fil rouge.

### *Bijoux*

Les bijoux sont tous en rouge sauf la montre.
– Collier : crocheter 1 chaînette de 25 ml et fermer en rond avec 1 mc.
– Bracelet : comme le collier mais avec 18 ml.
– Boucles d'oreilles : monter 8 ml, coudre en forme d'anneau au bas de l'oreille.
– Montre : en noir, faire 20 ml + 2, crocheter 2 rgs de 21 ms, fermer en rond et broder des aiguilles blanches.

## Caddie

### *Cadre*

– En plastique rigide transparent (pour les parois).
Découper :
- pour le fond : 1 rectangle de 5,5 x 8 cm,
- pour les côtés : voir schéma a p. 55, 2 fois.
- pour l'avant : voir schéma b p. 55,
- pour l'arrière : 1 rectangle de 4,5 x 5,5 cm.

– En fil à scoubidou (pour l'armature) :
- partie horizontale : pour l'avant, 1 fil de 7 cm et 1 de 5,5 cm ; pour les côtés, 2 fils de 8 cm et 2 de 10 cm ; pour l'arrière, 2 fils de 5,5 cm.
- partie verticale (il faut mettre 2 fils par armature) : pour l'avant, 4 fils de 6,5 cm ; pour l'arrière, 4 fils de 4,5 cm.

– Au crochet :
Entourer les fils à scoubidou avec des bandes crochetées.
– Fil à scoubidou simple : il faut crocheter 14 rgs de 5 br (pour le fil de 7 cm), 11 rgs de 5 br (pour fil de 5,5 cm), 16 rgs de 5 br (pour chaque fil de 8 cm), 20 rgs de 5 br (pour chaque fil de 10 cm).
– Fil à scoubidou double : 9 rgs de 9 br (pour fil de 4,5 cm), 13 rgs de 9 br (pour fil de 6,5 cm).
Poser le fil à scoubidou sur la bande crochetée et fermer.

### *Roues*

– Carton : découper 8 ronds de 1,5 cm de diamètre.
– Fil à scoubidou noir : couper 4 petits bouts de 3,5 cm.
– Crochet : en blanc, monter 4 ml, fermer en rond avec 1 mc.
Crocheter 8 br et 1 rg de 16 br dans le rond.
Faire ainsi 8 parties identiques, les réunir 2 par 2 en glissant chaque fois 1 rond en carton au milieu.
Passer le fil à scoubidou dans le trou central, glisser 1 fil en coton dans le plastique en le laissant dépasser des deux côtés.

### *Montage du caddie*

Coudre les armatures sur les parois en plastique correspondantes en piquant dans la bande crochetée et dans le plastique.
Assembler en forme de caddie.

Pour les petites armatures, faire des chaînettes de ml qui seront cousues en haut et en bas ou aux 2 côtés. Les croiser comme un tissage en les espaçant de 1 cm.
Fixer les 4 roues avec les fils qui dépassent.
Pour la poignée du caddie, prendre 1 fil à scoubidou de 10 cm.
Crocheter 2 petites bandes de 5 rgs de 4 br.
Entourer les 2 extrémités du fil à scoubidou avec ces 2 bandes et coudre l'ensemble sur l'armature avant du caddie.

## Contenu du caddie

### *Carottes*

Faire 5 carottes.
En rouge, monter 2 ml + 3, puis crocheter 1 rg de 3 br, 3 rgs de 5 br, 2 rgs de 3 br, 1 rg de 1 br. Crocheter 2 parties par carotte. Assembler, rembourrer et fermer. Laisser pendre 1 petit fil rouge pour faire la radicule. Pour les fanes, faire 3 chaînettes de 12 ml en vert ; les réunir au milieu et les coudre sur le haut de la carotte.

### *Baguettes*

Il y a 3 baguettes.
En brun clair, monter 4 ml + 3 et faire 2 rgs de 5 br, 1 rg de 7 br, 9 rgs de 9 br, 1 rg de 7 br, 2 rgs de 5 br. Faire cela 2 fois par baguette. Réunir les parties, rembourrer et fermer. Faire de petites stries sur le pain avec 4 chaînettes de 5 ml.

### *Salades*

Il y a 3 salades dans le caddie.
Pour une feuille : en vert foncé, faire 7 ml + 3, 1 rg de 8 br, 1 rg de 6 br, 1 rg de 4 br. Crocheter ainsi 6 feuilles par salade. Assembler les feuilles en forme de salade et les réunir avec 1 point. Mettre les aliments dans le caddie et bien les fixer aux armatures.

## Pancarte

En noir, monter 39 ml + 3 et faire 7 rgs de 40 br.
Broder SUPERMARCHÉ en vert et DES PRÉS en jaune.
Chaque lettre est brodée sur 2 br et sur 2 rgs.
Broder des clous de couleur : 2 rouges, 2 jaunes, 2 verts.
En mettre 1 de chaque couleur par côté.

## Cordelettes.

En parme : 130 cm de ml
En jaune : 90 cm de ml + 1 rg de ms.

## Finitions

Repasser et amidonner légèrement les parties plates.
Fixer solidement le caddie.
Habiller la lapine, lui mettre ses bijoux, le sac en bandoulière qui n'est que posé sur la main.
Positionner la lapine de façon qu'elle puisse tenir la poignée du caddie et la coudre sur le fond.
Attention, les bras ne sont pas cousus : l'un tient le caddie et l'autre n'est que fixé à la robe.
Suspendre la pancarte « supermarché » en haut à droite.
Attacher le panneau crocheté à la baguette en bois, avec la cordelette bleu violacé et mettre la cordelette jaune.

*Corps et cou*

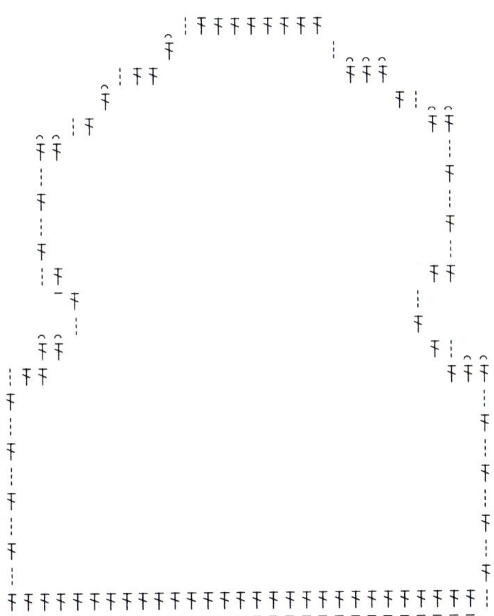

*Patte arrière*

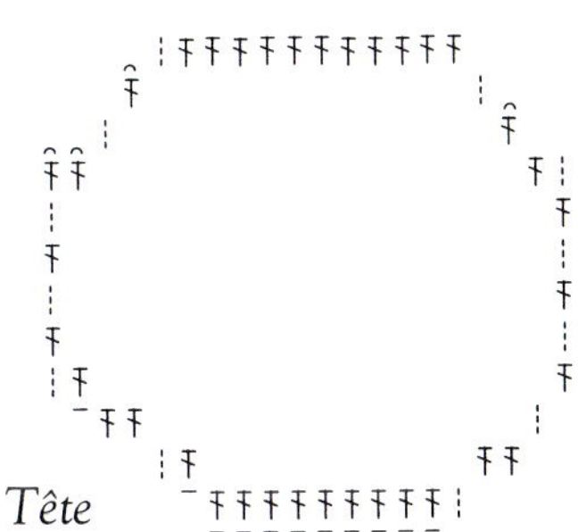

*Tête*

*Schéma a*

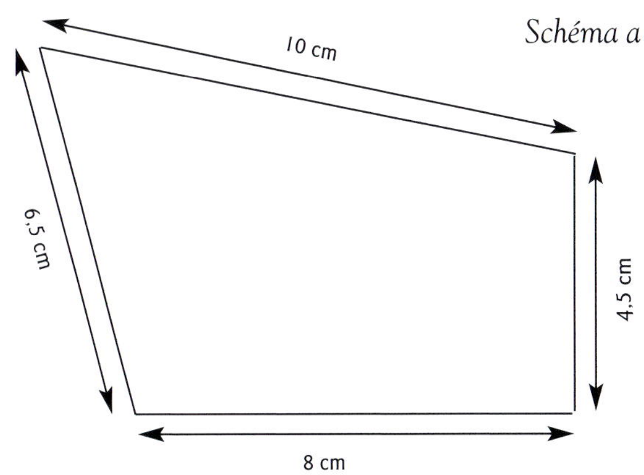


*Schéma b*

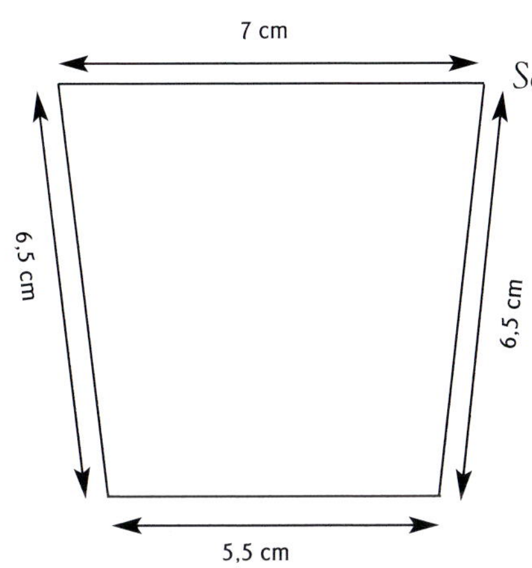

BÊE-
BÊE

# L'agneau tondu

*« Bêê-bêê…, que fait-on de ma belle laine blanche ? »,*
*bêle tristement le petit agneau*
*en sentant qu'on la lui tire pour la tricoter tout de go !*

Taille du tableau : 45 x 28 cm

## Fournitures

- Fil à crocheter :
  n° 10 : vert clair
  n° 20 : abricot, blanc, bleu foncé, noir, rose
- 1 crochet en plastique n° 2,5
- Laine blanche bouclée, de type Phil Peluche de Phildar ou identique
- Aiguilles à tricoter n° 3
- 1 baguette en bois de 49 cm de long
- Carton bleu foncé de 10 x 4 cm

## Points employés

**Tricot :**

1 – Montage des mailles : faire 1 boucle comme au crochet, la glisser sur l'aiguille droite.
Poser le fil sur l'index gauche, le retenir avec le pouce, passer l'aiguille sous le 1er fil, passer dans la boucle et tirer sur le fil pour refermer la boucle sur l'aiguille.
2 – Maille endroit : les mailles sont sur l'aiguille droite. Avec la 2e aiguille, piquer dans la 1re maille par en dessous, faire 1 jeté, passer dans la maille et tirer. (Tenir le fil comme pour le montage, mais avec la main droite.)
3 – Point mousse : tous les rangs sont en maille endroit.

## Réalisation

Fond (en point filet) :
Monter 1 chaînette de 159 ml + 7 avec le fil vert clair. Crocheter 40 rgs de 54 carreaux. Voir les explications des points p. 4-5.

### Agneau

*Tête*
La tête est moitié en laine blanche, moitié en coton blanc.
Utiliser le crochet en plastique pour la laine.
En laine : pour avant + arrière (= sommet de la tête), monter 19 ml + 3, puis faire 7 rgs de 20 br, 2 rgs de 10 br.
En coton : pour l'avant de la tête, monter 19 ml + 3, puis suivre le schéma p. 59.
En coton : pour l'arrière et la mâchoire inférieure, faire 18 ml + 3, puis suivre le schéma p. 59.
En coton : pour la mâchoire supérieure, crocheter 3 rgs de 10 br.

*Corps*
– Partie avant du corps : en laine, faire 1 chaînette de 24 ml + 3, puis suivre le schéma p. 59.
En coton abricot, monter 15 ml + 3, puis faire 4 rgs de 16 br, 2 rgs de 14 br, 1 rg de 12 br, 1 rg de 8 br, 1 rg de 4 br.
Assembler l'avant du corps en cousant la partie abricot dans le creux de la partie en laine prévu à cet effet.
– Partie arrière : en laine, monter 24 ml + 3, puis suivre le schéma p. 59.

Réunir l'avant et l'arrière, rembourrer et fermer. Attention commencer toujours les parties du corps par le côté qui sera cousu au reste.

### *Pattes avant*

En laine blanche, monter 4 ml + 3, puis voir schéma p. 59. Faire 2 fois.
Pour les sabots, faire 2 rgs de 3 br en coton noir.

### *Pattes arrière*

En laine blanche, monter 1 chaînette de 6 ml + 3, puis suivre le schéma p. 59.
Crocheter ainsi 2 pattes identiques et faire les sabots.

### *Queue*

En laine blanche, monter 2 ml + 3, puis faire 3 rgs de 3 br, 1 rg de 2 br.

### *Museau*

En abricot, monter 1 chaînette de 9 ml + 3. Faire 2 rgs de 10 br, 2 rgs de 16 br (3 augmentations de chaque côté).

### *Oreilles*

En coton blanc, monter 6 ml + 3, puis faire 2 rgs de 7 br, 2 rgs de 5 br, 1 rg de 3 br, 1 rg de 1 br.
En abricot, faire 4 ml + 3, puis 2 rgs de 5 br, 2 rgs de 3 br, 1rg de 1 br.

### *Langue*

En rose, monter 5 ml + 3 et faire 4 rgs de 6 br.

## Assemblage de l'agneau

Voir la photo.
Coudre les pattes avant et arrière de part et d'autre du corps. Fixer la queue.

Monter la tête : coudre l'avant en coton à la partie en laine (les 20 br en coton sur les 10 br en laine). Fixer l'arrière à l'autre bout de la partie en laine (les 20 br en coton sur les 20 br en laine, le reste de la partie en laine étant replié vers l'avant et cousu au coton de la partie avant). Former la mâchoire inférieure en repliant 4 rgs de br sur le dessus. Bien rembourrer le tout en mettant la tête en forme et coudre la mâchoire supérieure à la partie avant.

Fixer le museau abricot en le mettant bien en forme, coudre la langue et broder 2 narines noires sur le museau.

Mettre les 2 oreilles. Pour les 2 yeux, broder 1 contour noir avec 1 iris vert clair et 1 petit point noir au milieu.

## Tricot

En laine blanche, avec les aiguilles à tricoter, monter 18 mailles sur la 1re aiguille et tricoter en mailles endroit. Faire 15 rgs et arrêter le travail en nouant le fil, le couper en laissant pendre un bout de 40 cm. Garder le morceau tricoté en attente sur les aiguilles après avoir réparti les mailles sur les 2 aiguilles.

## Aiguilles à tricoter

En carton bleu foncé : découper 2 rectangles de 10 x 2 cm.
Fermer en fixant avec du ruban adhésif et rembourrer.
Au crochet : monter 9 ml + 3, puis faire 23 rgs de 10 br, 1 rg de 5 br, 1 rg de 3 br, 1 rg de 1 br.
Faire 2 fois cela pour chaque aiguille.
Poser l'aiguille en carton dessus, mettre un peu de rembourrage au niveau de la pointe et fermer.
Pour la boule de l'aiguille : en bleu, monter 4 ml et fermer en rond avec 1 mc.
Dans le rond, crocheter 2 rgs de 12 br, 1 rg de 6 br.
Rembourrer et fermer. Fixer au bout de l'aiguille.

## Finition du tricot

Glisser les mailles des vraies aiguilles sur celles en carton et bien les fixer.

## Bulle

En abricot, monter 14 ml + 3, faire 7 rgs de 15 br et 1 chaînette de 30 ml.
Broder le texte : BÊÊ – BÊÊ ! Chaque lettre tient sur 2 br et 2 rgs.

## Cordelettes

En vert : 180 cm de ml.
En abricot : 90 cm de ml + 1 rg de ms.

## Finitions

Repasser et amidonner légèrement les parties plates.
Coudre l'agneau en laissant les pattes et la queue libres.
Fixer la bulle sous le museau avec la chaînette pointée vers lui.
Coudre les aiguilles à tricoter et attacher le bout de laine de 40 cm à la partie abricot sur le devant de l'agneau.
Attacher le panneau crocheté à la baguette en bois avec la cordelette verte et mettre la cordelette abricot.

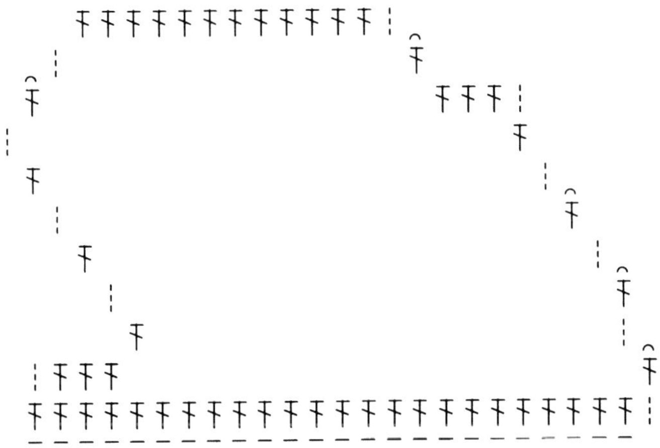

*Corps : avant*

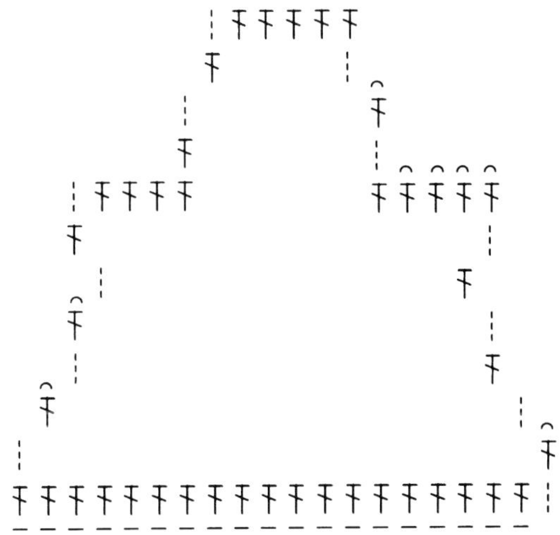

*Tête : arrière*

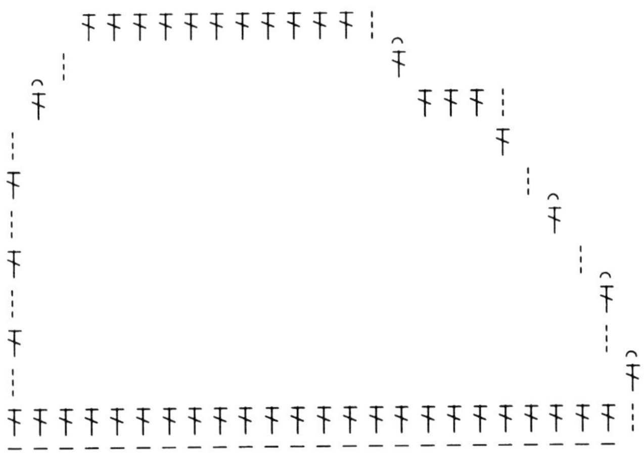

*Corps : arrière*

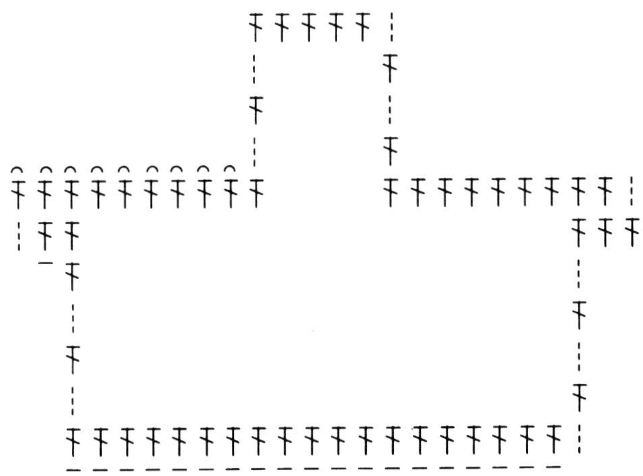

*Tête : avant*

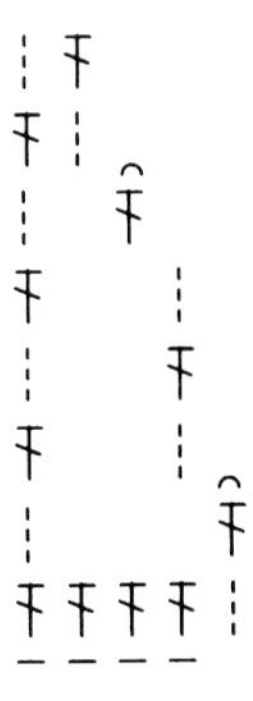

*Patte avant*

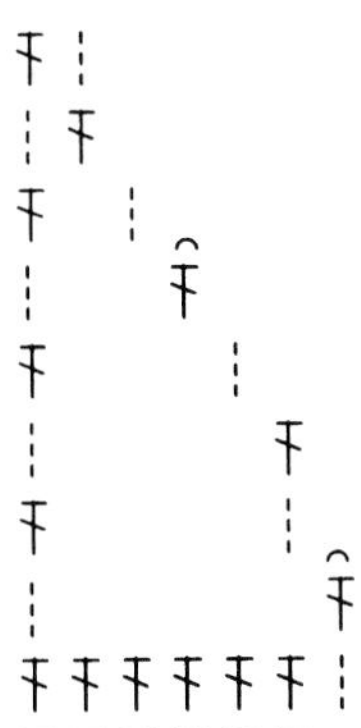

*Patte arrière*

# Le clown acrobate

*« Pas pratiques ces grosses chaussures…*
*Pourquoi ne pas marcher sur les mains ? »*
*Aussitôt pensé, aussitôt fait !*

Taille du tableau : 26 x 37 cm

## *Fournitures*

- Fil à crocheter :
  n° 10 : vert clair, jaune
  n° 20 : rouge, bleu foncé, vert foncé, blanc, abricot, noir, jaune, rose, bleu clair
- Fil à scoubidou rouge
- 1 baguette en bois de 30 cm de long

## *Réalisation*

Fond (en point filet) :
Monter 1 chaînette de 93 ml + 7 avec le fil vert clair.
Crocheter 24 rgs de 32 carreaux en vert clair et 32 rgs en jaune. Voir les explications des points p. 4-5.

### Rideaux

En rouge, monter 49 ml + 3, puis crocheter 1 rg de 50 br, et ensuite 10 fois (2 rgs de 50 tbr + 2 rgs de 50 br). Faire 2 rideaux identiques.
Pour l'embrasse : en jaune, crocheter 1 rg de 18 cm de ms.
À chaque bout, faire 6 dbr réunies (pour un pompon).

### Clown

Le clown est en abricot.

*Tête*
Monter 5 ml + 3, puis : 1 rg de 6 br, 1 rg de 8 br, 1 rg de 10 br, 4 rgs de 12 br, 1 rg de 10 br, 1 rg de 8 br.

*Corps*
En abricot, monter 1 chaînette de 29 ml + 3, puis faire 11 rgs de 30 br.
Attention, commencer toujours les parties du corps par le côté qui sera cousu au reste.

*Bras*
Monter 8 ml + 3, puis suivre le schéma p. 64.
Crocheter ainsi 2 bras identiques.
Pour la main, faire tout de suite les gants :
en bleu foncé, crocheter 4 rgs de 6 br.
Coudre au bout du bras, plier en 2 et assembler.

*Jambes*
Faire 1 chaînette de 12 ml + 3, puis suivre le schéma, p. 64. Crocheter 2 jambes.

*Oreilles* (Attention, elles sont en ms).
Crocheter 2 rgs de 4 ms, 1 rg de 2 ms.

*Bouche*
En blanc, monter 3 ml + 3 et faire 1 rg de 4 br, 1 rg de 6 br.
Broder 1 bouche rouge (voir la photo).

*Nez*
Broder 1 boule rouge en superposant plusieurs couches de fil.

*Yeux*
En blanc, faire 1 rg de 2 br, 1 rg de 4 br.

En noir, broder 1 contour, 1 point au milieu de l'œil ainsi qu'un sourcil en forme de ^ (voir la photo).

### *Cheveux*
En bleu foncé, broder quelques mèches au milieu de la tête et des 2 côtés.

### *Chaussures*
En vert foncé, monter 12 ml + 3, puis crocheter : 1 rg de 13 br, 3 rgs de 20 br (augmenter de 7 br d'un seul côté), 1 rg de 13 br.
Plier en 2, assembler, rembourrer et fermer.
Faire la même chose pour la seconde chaussure.

## Habits

### *Pull*
En rouge, monter 1 chaînette de 31 ml + 3, puis suivre le schéma p. 63.
Crocheter ainsi 2 parties identiques, assembler et faire 1 petite dentelle au bout des manches.

Pour la dentelle, prendre le fil vert, piquer le crochet dans le dernier rg de la manche et faire (2 br dans 1 + 2 ml) tout autour de la manche.
Sur une des faces du pull, broder des points verts.

### *Pantalon*
En bleu foncé, crocheter 31 ml + 3, puis suivre le schéma p. 63.
Faire 2 fois, assembler le pantalon et mettre également 1 dentelle au bout des jambes (dentelle rouge).
Faire des carreaux avec 1 fil rouge.

### *Chapeau*
En noir, monter 13 ml + 2, puis crocheter en ms 1 rg de 14 ms, 1 rg de 10 ms, 1 rg de 6 ms, 1 rg de 4 ms.

## Assemblage du clown
Fixer les bras et les jambes au corps.
Coudre la tête au centre du 1er rg du corps (avec 2 points).
Habiller le clown et lui coudre ses chaussures aux pieds.

## Accessoires

### *Petites balles*
En faire 3 : 1 rose, 1 jaune, 1 bleu clair :
Monter 4 ml et fermer en rond avec 1 mc, puis 8 br dans le rond, 2 rgs de 16 br, 1 rg de 8 br.
Rembourrer et fermer.

### *Grosse balle*
En jaune, monter 5 ml et fermer en rond avec 1 mc. Dans le rond, crocheter en jaune 1 rg de 12 br, en rouge 1 rg de 24 br et 1 rg de 36 br, en bleu foncé 1 rg de 24 br et 1 rg de 12 br. Rembourrer et fermer.

### *Massues*
Il y a 3 massues : 1 rose, 1 jaune, 1 bleu foncé.
Faire 1 chaînette de 15 ml + 3, puis :
4 rgs de 16 br, 3 rgs de 8 br, 2 rgs de 4 br.
Rembourrer et fermer.

## Cordelettes
En jaune, faire 110 cm de ml.
En rouge, monter 90 cm de ml + 1 rg de ms.

## Finitions
Repasser et amidonner légèrement le fond et les parties plates.
Coudre le clown au centre du panneau, ne le fixer qu'à la taille, au bout des bras et des jambes.
Mettre la grosse balle sur les chaussures et bien la fixer.
Disposer les balles et les massues devant le clown et les coudre.
Passer 1 fil à scoubidou rouge (fil double) dans le 1er rg de tbr du rideau.
Fixer cette tringle aux 2 côtés du panneau, mettre 1 point au milieu pour qu'elle ne s'affaisse pas.
Passer les embrasses dans 1 des carreaux du panneau, les mettre autour du rideau et les nouer.
Fixer la baguette en bois avec la cordelette noire, et mettre la cordelette rouge.

*Pull*

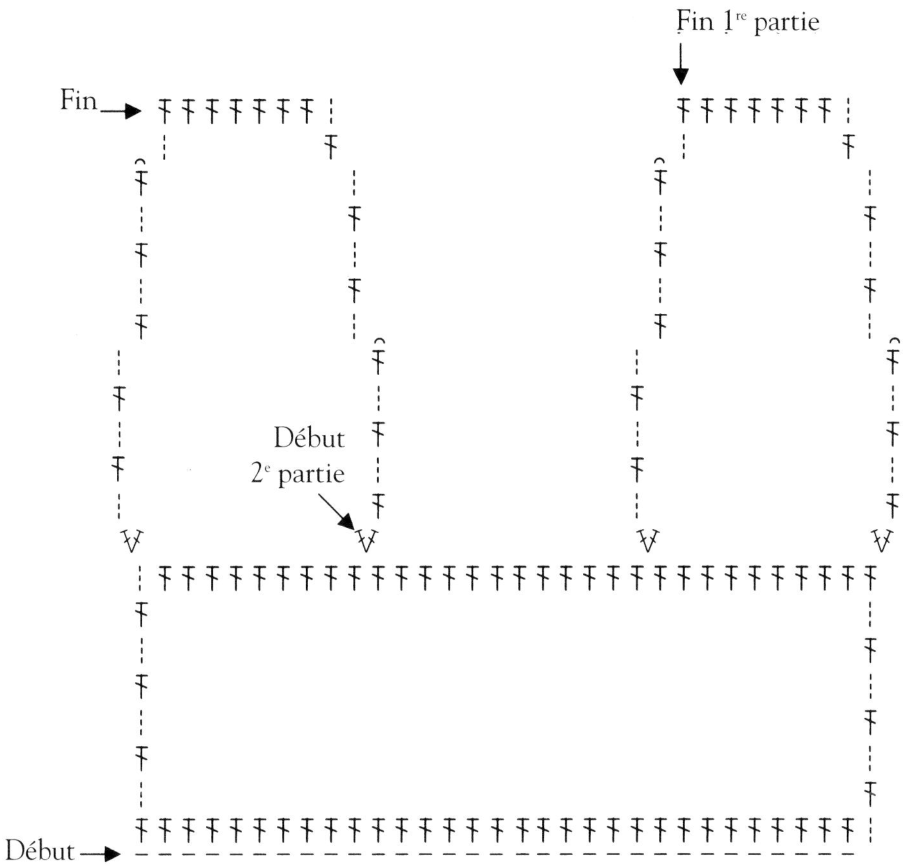


*Pantalon*

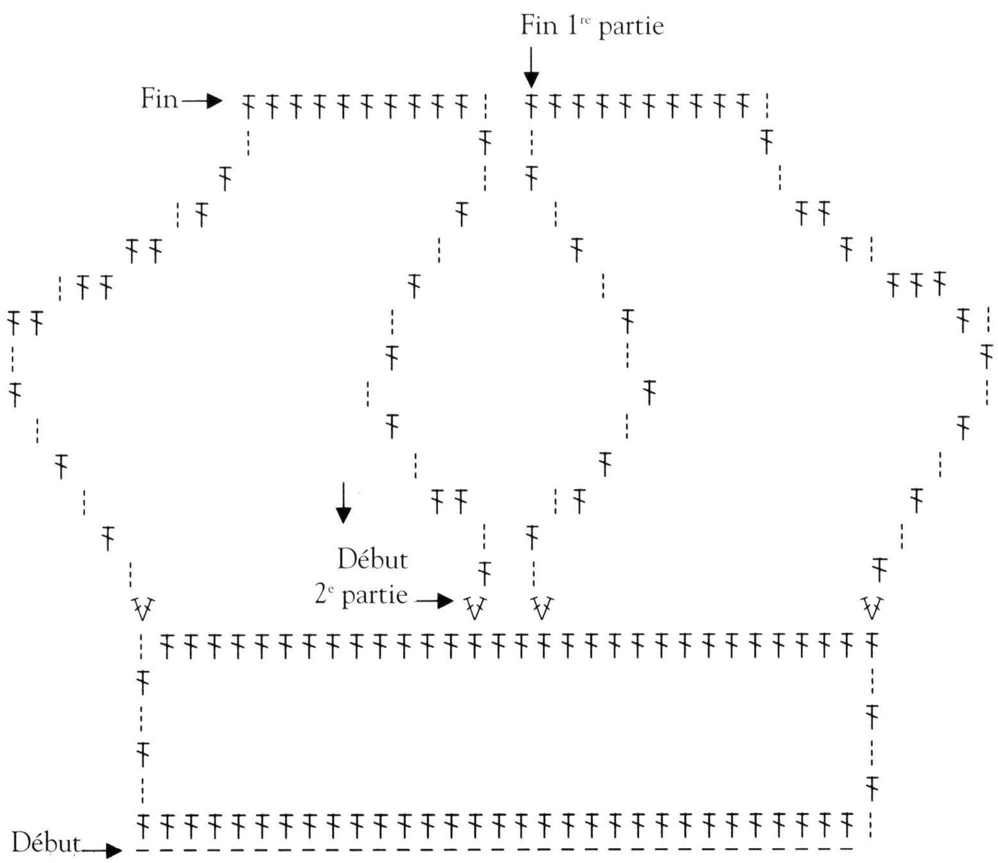

*Bras*

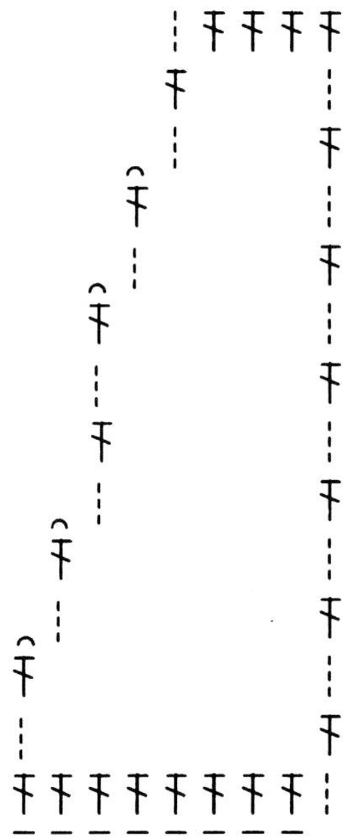

*Jambe*

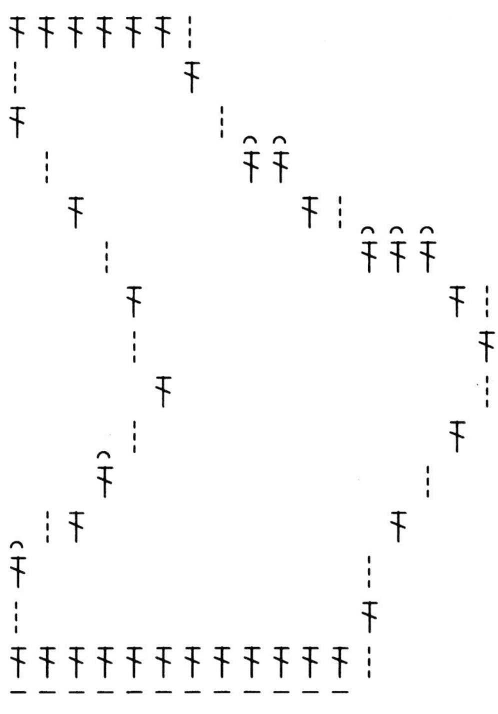